여행의 즐거움과 다른 사람을 만나는 기쁨을 일깨워 주신 부모님께 이 책을 바칩니다. 나처럼 여행의 재미를 깨닫고 즐기며 똑같은 기쁨을 후대에 물려주길 바라는 마음에서 이 책을 아들과도 함께 나누고 싶습니다.

착한 공정 여행
호텔 대신 랏지네 집에서 머물러요

주느비에브 클라스트르 글 | 뤼실 플라생 그림 | 허보미 옮김

내인생의책

추천하는 글

'공정 여행'이라는 말을 들어봤나요? 공정 여행은 올바르고 착한 여행이에요. 여행지의 아름다운 자연환경을 보호하고, 여행지의 현지인에게 경제적인 혜택이 돌아가게 하거든요. 여행객과 여행객을 맞이하는 현지인 모두가 행복해지는 여행이랍니다. 그럼 공정 여행은 '어떻게' 하느냐고요?

여행할 때 현지인이 운영하는 식당에서 밥을 먹어요. 길 안내와 운전도 현지인에게 맡기고요. 공원에서 바비큐 파티를 즐긴 뒤에는, 쓰레기를 지정된 장소에 버리는 건 당연한 일이지요. 환경 보호를 위해 자동차를 빌리기보다는 대중교통을 이용하고요, 자전거를 이용하면 더욱 좋아요. 여행 중에 되도록 일회용 컵이나 젓가락을 사용하지 않는 것도 공정 여행의 가치를 실천하는 길이지요.

그러나 맹목적으로 현지인을 위한답시고 현지인들이 운영하는 식당과 숙소만을 무리하게 고집할 필요는 없어요. 여행이란 익숙한 삶의 공간에서 벗어나 낯선 공간으로 이동하는 일이기 때문에 안전을 최우선으로 생각해야 하거든요. 어떤 지역에서는 안전을 위해 현지인의 생활 문화를 접하지 못할 수도 있답니다. 상황에 따라 지혜롭게 여행 방법을 택하도록 해요.

처음부터 공정 여행을 완벽하게 하려는 마음보다, 실천할 수 있는 소소한 일부터 찾아 시작하면 돼요. 탐험가들이 에베레스트 산을 정복하기 위해 철저히 사전 조사를 하고 조금씩 경험을 쌓아 가듯 말이에요. 이렇게 여행이 주는 순수한 즐거움을 만끽하면서, 다 같이 행복한 세상을 만드는 데 조금만 더 신경 쓸 줄 아는 여행자가 되면 좋겠어요.

이 책을 읽은 친구들이 '공정 여행'을 제대로 이해하고 몸소 실천한다면, 지구는 물론 우리의 삶도 더욱 풍요롭게 바뀔 거예요. 자, 그럼 지구촌 모두가 친구가 되는 여행, 지구와 지역이 함께 웃는 여행, ≪착한 공정 여행_ 호텔 대신 랏지네 집에서 머물러요≫와 함께 '공정 여행'을 시작해 볼까요?

2016년 1월
순천향대학교 관광경영학과 이영관 교수

차례

추천하는 글

❶ 여행을 떠나기 전에

왜 여행을 하나요?	8
여행을 준비하는 기쁨	10
아무 곳이나 무작정 떠나도 될까요?	12
'공정 여행'이 뭐예요?	14
지구가 내게 말을 걸어요	16
새록새록 역사가 숨 쉬어요	18
반드시 보존해야 할 중요한 지역	20
무엇을 타고 이동할까요?	22
시간은 나라마다 제각각	24
가방 속에 무엇을 담을까요?	26

❷ 여행을 하면서

눈을 맞춰요	30
왜 그럴까요?	32
웃음과 오해	34
세계의 다양한 종교	36
아시아의 종교	38
세계 성지 순례자	40
성스러운 곡식	42
물과 나무를 보호해요	44
환경에 맞게 지은 집	46
현지인의 집을 방문해요	48
옷이라는 언어	50
마음의 문을 열어 주는 차	52
여행과 관련된 직업	54
세계를 먹어요	56
즐거운 축제	58
집으로 돌아가요	60

❸ 여행을 다녀와서

다시 일상으로 돌아와요	64
친구들과 여행 이야기를 나눠요	66
특별한 기념품	68
여행의 또 다른 얼굴	70
보호하고 보존하고 널리 알려요	72
여행이 끝난 뒤에도 인연의 끈을 놓지 마세요	74

부록

공정 여행을 떠나기 위한 몇 가지 팁	76
사진 및 삽화 목록	78
참고 자료	79
이 책을 만든 사람들	80

1
여행을 떠나기 전에

여행이라는 단어는 마법 주문 같아요. 여행을 하는 순간 신나는 모험이 눈앞에 펼쳐지니까요. 낯선 사람을 만나게 해 주고, 세계를 바라보는 새로운 눈을 갖게 해 주는 모험이 바로 여행이거든요. 모험의 세계로 떠나기 전에 내가 '왜' 여행을 떠나는지 곰곰이 생각해 보는 것도 중요해요. 미지의 세상에서 낯선 사람을 만나고 새로운 것을 발견하는 재미는 어떤 걸까요? 어서 빨리 멋진 여행을 준비하러 가 봐요!

왜 여행을 하나요?

여행은 세상을 발견하게 해 주는 도구이자 많은 사람을 만나게 하는 멋진 수단이에요. 아울러 나 자신을 깊이 알게 되는 기회이기도 해요.

세상을 향해 활짝 열린 마음을 가져요!

여행이 멋진 이유는 다람쥐 쳇바퀴 돌 듯 꽉 짜인 일상에 특별한 여유를 가져다주기 때문이지요. 방학이 되면, 먼 곳이 아니더라도 한번쯤 여행을 떠나 보세요. 익숙한 생활에서 잠시 벗어나, 색다른 세상에서 새로운 삶의 리듬에 몸을 맡겨 보세요. 어느새 성큼 자라난 자신의 모습을 발견할 수 있을 거예요.

나의 뿌리를 알 수 있어요!

종종 집을 떠나거나 가까운 사람과 멀리 떨어져 지내다 보면, 자신의 뿌리나 문화에 대해 생각할 기회가 생겨요. 내가 어떤 사람인지 깊이 성찰해 보는 시간이 찾아오지요. 저도 가족 여행을 하던 중 우연히 아프리카 말리에 사는 한 친구를 알게 되었어요. 그 친구는 사는 방식이 나와 정말 달랐어요. 옷차림도 다르고 언어도 달랐지요. 친구의 나라에서 기념하는 경축일도 우리와 달라요. 친구도 내가 사는 나라가 궁금한지 이것저것 물어보았어요. 친구의 질문에 답하며 나의 뿌리에 대해 깊이 생각하는 시간을 가졌답니다.

남들이 가니까 나도 여행을 떠난다고요?

어떤 사람들은 남들이 여행을 가니까 자기도 그냥 여행을 떠나요. 이 얼마나 안타까운 일인가요! 도대체 '내가 왜 여행을 하는지'조차 생각해 보지 않다니. 정말 어처구니없는 행동이잖아요. 여행이란 절대 평범한 일이 아니에요. 여행을 하면 누구나 조금이라도 새로운 사람이 되어 돌아오거든요.

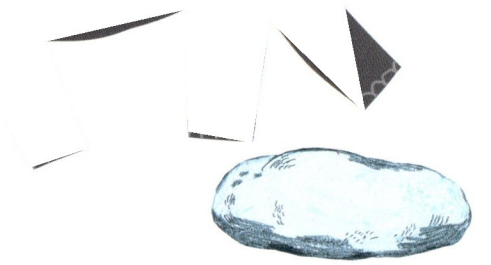

내 친구는 어느 나라에서 왔을까요?

우리 반에는 필립이라는 친구가 있어요. 필립은 긴긴 여름 방학을 맞이해 고향 마을을 찾아갔어요. 필립의 고향은 필리핀에 있는 한 작은 마을이래요. 고향 마을에는 필립의 삼촌과 이모들이 살고 있지요. 친구 왕 팡후이도 지난해 태어나서 처음으로 중국을 방문했어요. 중국에 가서 사촌들도 만나고, 아버지의 고향인 원저우도 둘러봤다고 해요.

> 자신에게 이르는 가장 빠른 길은
> 세상을 둘러보는 길입니다.
>
> _헤르만 카이저링, 독일 철학자 《한 철학자의 여행일기》에서

관광의 탄생

17세기 영국의 귀족들은 자식을 유럽으로 여행 보냈어요. 이러한 여행을 '그랜드 투어(GRAND TOUR)'라고 불렀지요. 오늘날 관광을 의미하는 '투어리즘'이나 관광객을 의미하는 '투어리스트'라는 단어가 바로 '그랜드 투어'라는 단어에서 나왔어요.

케빈이 머리털 나고 처음 떠난 여행

여행을 준비하는 기쁨

먼 곳에 가든 엎어지면 코 닿을 곳에 가든, 일상의 변화는 그 자체로 작은 여행이 돼요. 익숙했던 일상에 변화를 주는 시간이지요. 여행을 떠나기 전에는 먼저 어디에 누구랑 가서 무엇을 할지 정해야 해요. 물론 정하는 게 쉽지 않을 거예요. 하지만 이렇게 여행을 준비하는 것만으로도 이미 여행을 향한 첫발을 내디딘 거랍니다.

길동무

여행을 떠난다고요? 좋아요! 그런데 누구와 함께 떠날 건가요? 우리와 여행을 함께할 사람이 같은 반 친구인지, 가족인지, 아니면 단짝인지에 따라 여행의 색깔은 완전히 달라져요. 친구와 함께라면 카르카손 중세 도시나 라스코 동굴을 보러 가세요. 멋진 모험을 경험하게 될 거예요. 가족과 함께 떠나는 여행이라면 번잡한 일상을 벗어나 잠시 자신을 돌아보는 시간을 보내는 것도 좋아요.

어디에 가서 무얼 할까요?

영국 런던에 사는 펜팔 친구를 만나러 갈까요? 아니면 유럽 팀끼리 맞붙는 축구 경기를 보러 갈까요? 가족들과 일본 여행을 떠나 보는 건 어떨까요? 브르타뉴 해안에 가서 윈드서핑 수업을 받는 것은요? 도무지 마음을 정하기 쉽지 않네요. 그러나 이 역시 여행 전에만 즐길 수 있는 소소한 행복 중 하나겠지요?

가장 가까운 곳에서 가장 먼 곳에 이르기까지

여행이란 반드시 세상 반대편으로 멀리 떠나는 것만을 의미하지 않아요. 물론 먼 이국땅은 우리를 꿈에 젖게 하지만요. 어쨌든 자기 집 문턱을 넘어서는 순간 이미 여행은 시작된 거예요. 모든 문제는 마음가짐에 달렸거든요. 매 순간 호기심을 잃지 않으면 매사가 곧 여행이지요. 그러니 집 주변 공원에 가더라도 우리는 충분히 여행자가 될 수 있답니다.

출발 준비를 해요

여행을 꿈꾸고 준비하는 동안 어느새 우리의 마음은 여행지에 닿아 있을 거예요. 여행을 준비하는 모든 시간이 여행 전날처럼 들뜰 테고요. 가방을 채우기 전에 먼저 머릿속부터 채워 볼까요? 가족끼리 구체적인 여행 계획을 세우고 의견을 나눠 보아요. 여행지에 가서 무엇을 할 것인지, 누구를 만날 것인지 함께 이야기를 주고받는 거예요.

여행의 시작은 내 방에서부터

여행 계획을 세우고 나면 머릿속으로 일찌감치 여행을 시작할 수 있어요. 특히 여행지에 관한 좋은 책 한 권은 여행을 준비하는 사람에게 더할 나위 없이 유익하지요. 소설이든, 만화든 상관없어요. 어떤 책이든 여정을 머릿속에 그려 보는 데 큰 도움을 주거든요. 지도를 펼쳐 놓고 여행할 장소를 미리 찾아보는 것도 좋아요. 하지만 상상의 나래를 펼치기 전에 한 가지 명심해야 할 게 있어요. 그것이 무엇인지는 다음 장에서 함께 살펴보도록 해요.

태국의 방콕 공항에서 여행을 떠나는 가족의 모습

여행을 떠나기 전에 어떤 준비를 할까?

여행을 떠나기 전에 혼자 준비할 수 있는 일은 무엇이 있을까요? 텔레비전에서 여행할 나라가 나오면 눈여겨보아요. 인터넷에서 여행할 나라의 정보를 찾는 것도 좋겠지요? 부모님과 함께 여행할 나라의 요리를 미리 맛보는 것도 재미있을 거예요. 도서관에 가서 여행할 나라와 관련된 책을 볼 수도 있겠지요. 참! 여행할 나라의 말을 몇 마디 배워 두는 것도 좋아요.

아무 곳이나 무작정 떠나도 될까요?

세상은 아주 복잡해요. 가 보고 싶다고 아무 곳이나 마구 여행할 수는 없어요. 어떤 나라, 어떤 지역에 갈지, 또 어떤 식으로 여행할지 구체적으로 살펴보고 정해야 해요. 어떤 결정을 내렸느냐에 따라 여행의 결과도 달라질 테니까요.

세계를 탐험해요

사람은 무엇이든 눈으로 보며 직접 경험하고 싶어 해요. 아주 추운 지방이나 열대 마을처럼, 완전히 새로운 곳에 가 보고 싶어 하지요. 그래서 요즘은 사람의 발길이 닿지 않은 곳을 찾기도 힘들어요. 그럼에도 자신의 한계를 시험하려는 많은 이들이 여전히 오지를 찾아 여행을 떠나고 있지요.

사막을 건너고, 남극을 탐험하고, 길도 나지 않은 오지 마을을 여행하는 것은 자신을 극복하는 모험이자 도전이에요. 어떤 사람들은 자신의 가능성을 믿고 열심히 노력한 끝에 에베레스트 산 정복 같은 터무니없는 꿈마저도 현실로 이루어 내지요.

어디를 둘러볼까요?

현대적인 도시를 둘러볼까요, 아니면 오지 마을의 부족민을 만나러 갈까요? 지역 축제에 참가할까요, 박물관이나 기념관을 천천히 돌아볼까요? 그냥 여행지에만 머무를까요, 용감하게 모험을 떠날까요? 여행지를 둘러볼 때 당나귀를 탈까요, 자전거를 탈까요? 호텔에 묵을까요, 현지인의 집에서 지낼까요? 아직 두 가지나 질문이 더 남았네요. 여행지에서 무엇을 볼 수 있을까요? 그리고 무엇을 보길 원하나요?

여행을 피해야 할 나라들

가고 싶다고 아무 데나 무턱대고 여행할 수는 없어요. 지구에는 별의별 나라가 다 있거든요. 치안이 불안한 나라도 있고 **전쟁** 중인 나라도 있어요. 교통이 발달되지 않아 들어가기 힘든 나라도 있고, **자연재해**로 쑥대밭이 된 나라도 있어요. 2011년 3월, 일본에서는 지진 해일이 일어나는 바람에 후쿠시마 원자력 발전소 일부가 망가졌어요. 당시 원전 사고로 위험한 방사능이 공기 중으로 잔뜩 새어 나왔지요.

여행을 제한하는 나라들

부탄 왕국은 자연 유산을 보호하기 위해 여행객의 수를 제한하고 있어요. 케르겔렌 제도(남인도양 남부에 있는 프랑스령 제도)는 극소수의 여행객에게만 자국의 동물인 펭귄, 바다코끼리, 왕관 펭귄 등의 동물과 다양한 식물을 볼 수 있도록 허가하고 있어요. 심지어 사우디아라비아는 혼자서 여행하는 사람에게 아예 관광 비자를 발급하지 않기도 한답니다.

세계 최초의 우주 여행객

2001년 5월, 미국 캘리포니아 주 출신의 한 사업가가 소유즈호를 타고 국제우주정거장으로 날아갔어요. 소유즈호는 시속 2,800km 속도로 이동했지요. 이 사업가는 2천만 달러를 내고 7일 22시간 4분 동안 우주 비행을 했답니다.

프랑스에 사는 쥐스탱이 케냐에 사는 마사이 전사를 만났어요. 때로는 뜻밖의 만남이 현실이 되기도 하지요.

'공정 여행'이 뭐예요?

땅속에 묻힌 자원을 낭비하지 않고 인간과 자연의 균형을 해치지 않으면서 즐기는 여행. 이런 여행이 바로 공정 여행이에요.

지구가 지쳤어요

전 세계 여행객의 수는 무려 1억 명에 달해요. 1초에 한 대씩 비행기가 뜨고 10만 개 이상의 호텔이 전 세계 여행자의 발걸음을 붙잡고 있지요. 관광지는 망가지고, 해변은 사람들로 미어터져요. 해변에는 수십 킬로미터에 걸쳐 콘크리트 건물이 줄줄이 들어섰어요. 그러나 지구는 결코 영원한 게 아니랍니다. 어떤 집에 매일 수백 명씩 손님이 드나든다고 상상해 보세요. 그 집은 절대 깨끗하고 쾌적한 환경을 유지할 수 없을 거예요. 마찬가지로 어떤 지역이나 나라에 매일 수많은 여행객이 찾아온다면 어떻겠어요? 그리고 지구 곳곳에서 그런 일이 벌어진다면 지구도 지쳐 버리지 않을까요? 우리의 터전을 지키려면 여행객을 맞이하는 이유와 방법에 대해 진지하게 생각해야 해요.

공정 여행이 뭐예요?

공정 여행이란 우리와 풍습과 문화가 다른 현지인을 배려한 여행이에요. 여행하는 나라의 자연환경과 종교, 삶의 방식과 차이점을 존중하는 여행을 뜻하기도 하고요. 공정 여행은 현지인에게도 도움이 돼요. 여행자가 쓴 돈이 지역 발전에 쓰일 수 있거든요. 또한, 공정 여행은 사람과 사람을 서로 이어 줘요. 관광국의 국민과 여행자가 만나 서로를 깊이 이해할 수 있게 도와주지요.

공정 여행은 어떻게 할까요?

방문할 나라의 사람들에게 도움을 줄 가장 좋은 방법은 그 사람들의 생활 문화를 그대로 따라 해 보는 거예요. 이를테면 현지인이 운영하는 식당에서 식사하고, 현지인이 빌려주는 집에서 자고, 안내와 운전도 현지인에게 맡기는 것이지요. 가난한 나라에서는 여행객이 쓰고 간 돈이 현지인의 호주머니로 들어가지 않는 경우가 많아요. 세계 유수 호텔과 식당, 교통 회사 같은 큰 회사들이 독차지하지요. 대형 호텔들은 갈수록 귀해지는 물로 이불과 수건을 날마다 수천 장씩 빨아 대고 있다고요!

공정 여행 행동 수칙

가난한 나라를 여행할 때는 물과 전기를 아껴쓰도록 각별히 조심해야 해요. 사실 그 무엇도 낭비하면 안 돼요. 때로는 찬물 샤워까지 각오해야 한답니다. 자연 속을 거닐 때도 식물이 다치지 않도록 길로만 걸어 다녀요. 함부로 풀을 뜯거나 열매를 따서도 안 돼요. 그리고 무엇보다 아무 데나 쓰레기를 버리지 마세요. 기념품을 살 때는 가능하면 작은 상점이나 현지인에게서 사도록 해요. 그래야 내가 쓴 돈이 현지인을 위해 제대로 쓰일 수 있답니다.

소중한 기회를 날릴 수 있어요

어떤 여행객들은 호텔에서 관광지로 또 관광지에서 식당으로, 식당에서 다시 호텔로 항상 버스만 타고 다녀요. 이런 여행을 진정한 의미의 여행이라고 부를 수 있을까요? 이 사람들은 대체 어떤 나라를 보고, 어떤 사람들을 만났다고 말할 수 있을까요?

페루 마추픽추 앞에서 멋진 자세를 취하는 단체 관광객

공정 여행, 연대 여행, 책임 여행, 지속가능한 여행, 친환경 여행. 이런 표현을 쓴 여행은 모두 여행자에게 많은 혜택을 나누어 주시요. 여행자뿐만 아니라 여행자가 방문한 나라, 그 나라에 사는 지역민, 더 나아가 지구를 위해서도 많은 도움을 줄 수 있는 여행이랍니다.

지구가 내게 말을 걸어요

여행 중에 언어의 장벽에 부딪힐 수 있어요. 하지만 풍요로운 경험과 소중한 기회를 선사하기도 하지요. 또한 다른 나라의 말을 배워 두면 그만큼 나와 다른 사고방식에 마음을 열고, 세계의 참모습을 쉽게 머릿속에 그려 볼 수 있어요.

세계의 언어

다른 나라 사람들과 의사소통을 하기 위해서는 반드시 그 나라 말을 잘 알아야만 할까요? 아니에요. 눈빛이나 몸짓, 행동을 통해서도 충분히 의사소통을 할 수 있으니까요. 때로는 미소를 통해 의사를 주고받을 수도 있고, 음악을 통해 한마음이 되기도 하지요. 특별한 경험을 나누거나, 놀이를 하면서 진한 동질감을 느끼기도 하고요. 냅킨이나 수첩, 혹은 북 찢은 종이 위에 예쁜 그림을 그려 나눠 가질 수도 있지요.

영국, 미국, 캐나다, 남아프리카, 호주 : 영어

영어를 사용하는 사람은 약 10억 명에 달해요. 서투르게나마 영어를 할 줄 아는 사람까지 더하면 셀 수 없이 많답니다. 영어는 전 세계에서 가장 널리 사용되는 언어예요.

캐나다

북아메리카
미국

대서양

태평양

브라질
남아메리카

스페인어 혹은 카스티야어는 이베리아 반도에서 탄생했어요. 그러다 코르테스나 크리스토퍼 콜럼버스와 같은 스페인 제국의 위대한 항해사들을 통해 아메리카 대륙 여러 나라로 전파되었지요. 오늘날 스페인어를 사용하는 사람은 약 4억 5천만 명에 이른답니다.

남아메리카, 중앙아메리카, 스페인 (브라질은 제외) : 스페인어

일곱 번째로 많이 사용되는 프랑스어!

새록새록 역사가 숨 쉬어요

세계를 여행하다 보면 수 세기에 걸쳐 지어진 근사한 문화유산을 수없이 발견할 수 있어요.

❶ 미국
자유와 희망, 자유의 여신상

자유의 여신상은 뉴욕항 입구에 서 있어요. 프랑스가 독립 기념일 100주년을 축하하며 미국에게 건넨 선물이지요. 자유의 여신상은 미국의 대표적인 기념물로, 민주주의와 자유를 상징해요.

❷ 페루
성스러운 도시, 마추픽추

마추픽추는 15세기에 잉카인이 지은 성스러운 옛 도시예요. 해발 2,400m 높이에 위치해 있는데, 안데스 산맥과 아마존 밀림을 양쪽에 낀 바위 지대에 자리 잡고 있지요. 이 환상적인 고대 유적은 1911년에 미국의 고고학자 하이럼 빙엄이 처음 발견했어요.

❸ 그리스
아테나 여신을 위하여, 파르테논 신전

아크로폴리스에 세워진 파르테논 신전은 아테네 도시를 위에서 굽어보고 있어요. 여신 아테나를 기리기 위해 지은 신전이지요. 아테나는 도시의 수호자이자, 전쟁과 지혜의 여신이랍니다. 그리스 신전을 본떠 만든 파르테논 신전 안에는 거대한 아테나 여신상이 모셔져 있어요.

문화유산을 소중히 보존해야 해요

세계 문화유산은 전쟁으로 파괴되거나 돈이 없어 방치되거나 도시 개발이나 단체 관광으로 인해 붕괴될 위험에 처해 있어요. 세계 유산을 보호하기 위해 유네스코는 세계 문화유산 목록을 작성했어요. 문화유산 802점, 자연 유산 197점, 복합 유산 32점이 전 세계 163개 나라에 흩어져 있지요(2015년 11월 기준). 대한민국의 경우에는 창덕궁, 수원 화성, 석굴암, 불국사, 종묘 등 총 12개의 세계 문화유산이 등재되어 있답니다.

때로는 샛길로 빠져 보세요

웅장한 궁전과 피라미드, 사원, 왕조의 도시, 역사 도시 등 관광 명소만 고집하지 마세요. 때로는 샛길로 빠져 사람들이 잘 모르는 지역도 한번 방문해 보는 거예요. 그러면 정말 많은 것을 보고 배울 수 있을 거예요.

❹ 이집트
파라오의 마지막 거처, 피라미드

이집트 기자 지역의 피라미드 세 개는 고대 7대 불가사의 중 하나로 손꼽혀요. 이집트의 파라오인 쿠푸왕, 카프레왕, 멘카우라왕의 무덤이지요. 기자 피라미드는 수천 명의 인부가 수십 년에 걸쳐 세웠다고 해요. 죽은 자들의 강변으로 불리는 나일강 서쪽 강변에 자리 잡고 있어요.

❺ 인도
왕비를 추모하며, 타지마할

'빛의 궁전' 또는 '왕관 궁전'을 뜻하는 타지마할은 흰 대리석으로 지어진 근사한 무덤이에요. 17세기 무굴 제국의 황제 샤 자한이 죽은 아내를 추모하기 위해 인도 북부 도시 아그라에 세웠지요. 타지마할 궁전에는 코란의 글귀가 새겨져 있어요. 주옥이 박힌 각양각색의 꽃무늬가 아름답게 궁전을 장식하고 있지요.

❻ 캄보디아
크메르 제국의 장엄한 역사, 앙코르 유적

앙코르는 크메르 제국의 수도였어요. 9세기부터 15세기까지 앙코르에는 수많은 사원이 지어졌지요. 사원을 장식하고 있는 석상이나 돋을새김은 힌두교도인 왕들의 위대한 모험담을 담고 있어요.

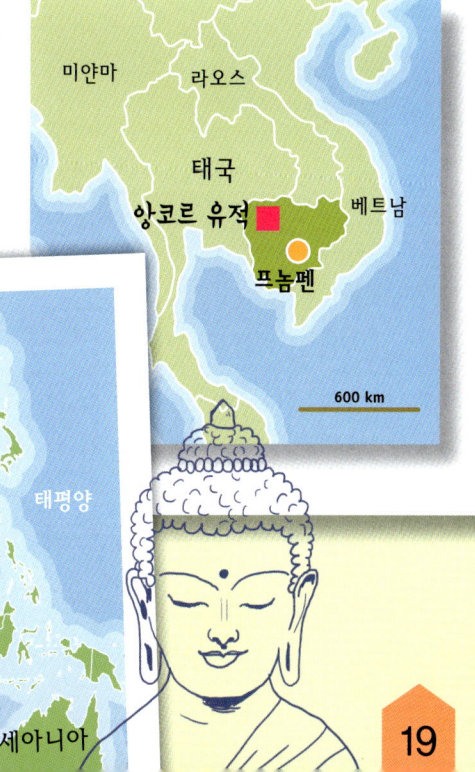

19

반드시 보존해야 할 중요한 지역

우리는 다양한 풍경으로 가득 찬 멋진 지구 별에서 살아가는 행운을 누리고 있어요. 그런데 환경 오염으로 아름다운 풍경이 사라져 가요. 더 늦기 전에 지구 환경을 지키도록 관심을 기울여야 해요.

북미 : 대초원

북아메리카 초원 지대에는 드넓은 풀밭이 펼쳐져 있어요. 그곳에서 가축을 키우거나 옥수수를 집중 재배하지요. 이따금 들소를 만날 수도 있어요. 하지만 이미 미국의 많은 지역에서 도시 개발이 진행되어 들소는 큰 위험에 처해 있어요.

아프리카 : 사하라 사막

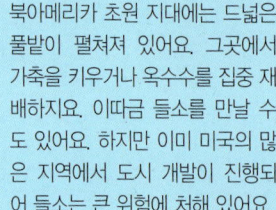

사하라는 세계에서 가장 넓은 열대 사막이에요. 아프리카 10개 나라에 걸쳐 펼쳐져 있지요. 기온은 무려 50℃를 넘는답니다. 매년 사하라 사막은 수 킬로미터씩 넓어지고 있어요. 농사를 지어야 할 땅이 사막으로 변해 가서 나라마다 근심에 빠졌지요.

누가 지구 온난화를 두려워하나요?

자동차, 비행기, 배가 뿜어 대는 이산화탄소는 대기를 오염시켜요. 대기 오염은 지구 온난화를 일으키는 주범이지요. 지구 온난화가 끼치는 피해는 막대해요. 바다 위를 떠다니는 얼음덩어리가 점점 작아지고, 빙하가 녹으면서 바닷물의 높이가 높아져요. 이상 기후가 나타나는 것도 지구 온난화 때문이에요. 21세기가 끝나기 전에 지구 상에 있는 일부 지역은 바닷물 아래로 가라앉을 수 있대요. 대표적인 예가 몰디브지요. 몰디브는 현재 전체 육지의 80%가 이미 바닷물 속에 1m가량 잠겨 있는 상태랍니다.

아마존 숲은 브라질을 포함한 9개 나라에 걸쳐 펼쳐진 큰 숲이에요. 흔히 '지구 생물 다양성의 보고'라고 불리지요. 아마존 숲에는 5만여 종의 나무와 250만 종의 곤충, 427종의 포유류가 서식하고 있어요. 그러나 대대적인 삼림 파괴 때문에 생물들의 생존이 위태롭다고 해요.

브라질 : 아마존 숲

북아메리카 미국

태평양

남아메리카 브라질

대서양

남극

무엇을 타고 이동할까요?

내 마음에 들면서 지구도 보호할 수 있는 적절한 교통수단을 선택해 보아요.

그렇다면 코끼리는 어때요?

낙타
낙타를 타고 한 줄로 길게 이동해요. 복잡한 생각을 내려놓고 여유롭게 초원과 사막을 둘러볼 수 있어요.

말
도시를 떠나 말을 타고 달리는 여행은 자유와 모험이라는 단어를 떠올리게 하지요. 오랜 시간 달리든 잠시 주변을 둘러보든, 말을 타고 떠나는 여행은 동물과 한마음이 되어 교감하는 법을 배울 수 있어 참 좋답니다.

버스
버스는 단짝이나 같은 반 친구, 가족과 함께 화기애애한 분위기 속에 하는 여행에 딱 맞아요. 게다가 버스는 요금이 싸고 이용하기도 편리하답니다. 가난한 나라에서는 여행자가 버스를 많이 이용할수록 지역 경제 발전에 도움을 줘요. 버스표는 현지인에게 사는 것이니까요.

자동차
자동차를 이용하면 가족끼리 자유를 만끽하며 편안한 여행을 즐길 수 있어요. 지나가는 길에 낯선 사람을 공짜로 태워 줄 수도 있고요. 동네 아주머니를 마을까지 데려다줄 수도 있지요.

비행기

하늘을 날다니 정말 멋지지 않나요? 하늘에서 바라본 지구의 모습은 정말 근사해요! 하지만 비행기는 디젤 자동차의 2배, 버스의 4배, 기차의 35배나 되는 오염 물질을 배출한답니다.

기차

기차는 비행기보다 오염 물질을 적게 배출하는 편이에요. 기차를 타면 이산화탄소 배출을 줄여 지구가 병드는 것을 막을 수 있지요. 차창 밖으로 펼쳐지는 멋진 풍경을 감상할 수도 있어요. 옆자리에 앉은 사람에게 말을 걸 수도 있고요. 여행할 지역에 대해 서로 이야기하면서 간식을 나눠 먹을 수도 있고, 함께 카드놀이를 즐길 수도 있답니다.

자전거

자전거는 장점이 많은 교통수단이에요. 오염 물질을 배출하지 않고, 덩치도 크지 않지요. 교통비도 들지 않고 건강에도 좋답니다. 도시나 시골의 분위기를 만끽하기에 최고예요.

배

대형 유람선이든 거대한 화물선이든, 유럽에서 남아메리카까지 배를 타고 가는 데는 대략 석 달 정도가 걸려요. 그 밖에 정크선, 에어 보트(수상 활주정), 카누, 요트, 보트, 거룻배 등 다양한 배를 탈 수 있답니다.

걷기

걸어서 하는 여행도 참 좋아요. 여행하려는 지역이나 도시, 마을을 천천히 둘러볼 수 있으니까요. 현지인과 만날 기회도 더 많고요. 상쾌한 공기를 마시며 걸음을 옮기다 보면 어느새 몸과 머리, 정신까지 맑아진답니다.

시간은 나라마다 제각각

여행을 하다 보면 시간을 잊기 쉬워요. 그러나 시간은 어디에나 존재하지요. 여행을 하는 시간, 기념관을 둘러보는 시간, 해가 내리쬐고 있는 시간, 어둠이 내린 시간……. 어디를 가나 시간이란 녀석이 항상 빠끔히 얼굴을 내밀지요.

"당신은 시계를 가졌군요. 우리는 시간을 가졌는데."

미국을 여행하다 보면, 미국이란 나라가 얼마나 기능적인 측면을 중요하게 여기는지 여실히 깨닫게 돼요. 미국 사람들은 무엇이든 빨리하는 것이 최고라고 생각하거든요. 그래서 인스턴트 식품이나 패스트푸드로 식사를 하며 시간을 아끼고, 꽉 짜여진 계획에 따라 움직이는 것을 좋아하지요. 그러나 빠른 것을 좋아하는 미국과 달리, 아프리카에 가면 뭐든 천천히 기다려야 한답니다. 세네갈에서는 시간이 우리와 완전히 다른 방식으로 흘러가요. 버스는 손님이 모두 타야 비로소 출발하지요. 말리의 경우도 마찬가지예요. 화요일에 만나기로 한 사람이 목요일이 되어야 약속 장소에 나타나는 일이 흔하게 일어난답니다. 만일 이런 나라를 여행하는 사람이라면 잠시 마음을 비우고 천천히 사는 법에 익숙해지도록 노력하는 게 좋을 거예요.

이곳의 시간과 저곳의 시간

지구는 모두 24개의 시간대로 나눠져 있어요. 하나의 시간대는 태양이 1시간 동안 움직인 거리와 같지요. 지구본을 보면 시간대별로 태양이 지나간 시간을 확인할 수 있어요. 서울이 낮 12시일 때, 프랑스 파리는 새벽 4시고요, 호주의 시드니는 오후 2시예요. 우리나라와 가장 시차가 많이 나는 곳은 미국의 하와이 주예요. 무려 19시간이나 차이가 난답니다. 서울이 낮 12시일 때 하와이는 전날 오후 5시예요.

먼 나라를 여행하는 경우 자기 나라와 시간대가 다를 수 있어요. 시차가 생기는 것이지요. 인천에서 아침 10시에 출발해 파리로 향하는 비행기를 탔다고 합시다. 그럼 12시간 동안 비행기를 탔으니까 파리에 도착하면 우리는 흔히 저녁 10시일 거라고 생각할 거예요. 그러나 인천에서 아침 10시에 출발할 때 파리의 시간은 새벽 2시였어요. 그러니 12시간 동안 비행기를 타고 파리에 도착하면 결코 저녁 10시가 될 수 없지요. 아침 10시라는 시간에 비행기를 탄 시간 12시간을 더한 뒤, 8시간이라는 시차를 빼야 하니까요. 그럼 시간은 오후 2시가 되는군요!

> 옛날에는 일주일이 4일뿐이었어요. 그래서 일 년이 훨씬 더 많은 일주일로 이루어져 있었지요. 그만큼 사람들이 지구에서 더 오랜 시간을 살았던 셈입니다.
>
> _에마뉘엘 동갈라, 콩고 작가 《태초의 불》 중에서

"너, 내일 날씨 아니?"
"글쎄, 나도 궁금한데."
"내일 온종일 비가 내리면 어쩌지?"
"그럼, 농부들은 엄청 좋아하겠다."
"여행 중인 우리는 어떡하라고!"

미국 뉴욕 타임스 스퀘어 거리를 지나는 사람들

가방 속에 무엇을 담을까요?

이제 짐을 꾸려야 해요. 여행 중에 무엇이 필요할지 꼼꼼히 생각해 보아요. 작더라도 쓸모 있는 것, 현지인과 만날 때 도움이 될 만한 것을 가져가면 좋겠지요?

계획적으로 차근차근 준비해요

몇 달 전부터 호들갑을 떨 필요는 없어요. 그렇지만 가져갈 짐을 매일 조금씩 수첩에 적어 놓으면 좋지요. 그럼 마지막 순간에 어떤 짐을 싸야 할지 몰라 우왕좌왕하는 일은 없을 테니까요. 계획적으로 미리미리 짐을 싸 두면 여행 때까지 마음 편히 기다릴 수 있지요.

꼭 챙길 것

반드시 챙겨야 할 짐은 여행지의 날씨에 맞는 옷과 세면도구예요. 신분증과 여권, 비행기 표나 기차표도 필요하고요.

꼭 필요하지는 않지만 준비하면 좋은 것

여행 중에 힘든 일이 생기면 내게 힘이 되어 줄 몇 가지 개인 물품을 챙겨 가세요. 예를 들면 가족이나 친구들의 사진, 행운을 가져다주는 부적, 일기장, 내게 힘을 불어넣어 주는 특별한 물건을 준비해 가는 거예요.

손이 닿는 곳에 두면 좋은 물건

심심할 때를 대비해 책이나 보드게임, 게임기를 가져갈 수도 있어요. 안내 책자 혹은 방문할 나라나 도시의 지도도 잊지 말고요. 자신이 어디에 있는지 확인하거나 여행지에 대한 정보를 얻는 데 유용할 테니까요.

일본
日本

마음이 담긴 선물 목록

내가 사는 나라나 도시, 마을의 모습이 담긴 그림엽서, 가족이나 친구들, 혹은 내가 사는 집이 찍힌 사진, 내가 가장 좋아하는 음악이 담긴 CD, 내가 잠을 잘 때마다 방 한구석에서 나를 지켜 주던 곰 인형이나 장난감, 내가 사는 지역에서 나는 특산품, 배지나 열쇠고리, 그림 카드 등.

작은 선물이 미소를 불러요

많은 현지인이 여행객이 오길 기다려요. 여행객과 친해지기를 바라거든요. 잠시 스쳐간 많은 이들, 나를 따뜻하게 맞아 준 현지인 가족과 펜팔 친구, 식사할 때 옆 테이블에 앉았다가 인연이 된 사람들에게 작은 선물을 건네 보세요. 비싼 선물보다 의미있는 선물이 좋아요. 내가 건넨 작은 선물을 보며 나를 맞아 주었던 이들도 잠시나마 머릿속으로 작은 여행을 떠날 수 있을 거예요.

여행 갈 때마다 예전 목록을 고쳐 써요

미리 목록을 적어 두면 빠짐없이 짐을 쌀 수 있어요. 예전에 썼던 여행 목록을 그대로 간직했다가 다음 여행 때 새로운 상황에 알맞게 고쳐 쓰는 것도 방법이에요. 한 번 여행을 해 보면 쓸데없이 짐만 되는 물건이 무엇인지 알 수 있지요.

때로는 사진기 생각일랑 잊어버려요!

사진은 여행지의 모습을 추억으로 생생히 남기기에 좋아요. 하지만 여행하는 사람이 여행지에서 만난 사람들과 친해지지 못하게 가로막는 차단벽이 되기도 하지요. 때로는 사진기 생각일랑 잊어버릴 줄도 알아야 해요. 그러면 더 생생한 여행을 즐기는 또 다른 방법을 발견하게 될 거예요.

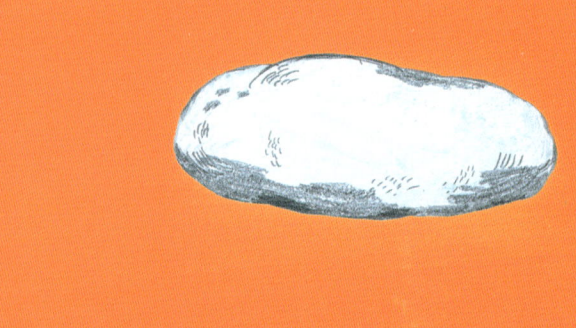

2
여행을 하면서

드디어 본격적으로 여행을 할 시간이에요. 여행을 하다 보면 누구를 만나든 어떤 낯선 것을 마주치든, 주변의 새로운 것들에 차차 익숙해져요. 낯선 여행지에서는 입는 옷도 먹는 음식도 우리와는 전혀 달라요. 이곳 사람들은 작은 일에도 기뻐하며 축제를 열지요. 그러면 여행지에 있는 나도 덩달아 행복한 기분에 젖어든답니다. 어제와 똑같은 날이 단 하루도 없어요. 하루하루가 정말 새롭기만 하지요. 어디를 가나 사람들이 내게 관심을 가져요. 미주알고주알 많은 것을 캐묻지요. 나는 열린 마음으로 세상을 맞이하며 어느새 훌쩍 자라난 나의 모습을 발견해요.

눈을 맞춰요

여행을 하는 동안 새로운 장소를 발견하고 관습이나 신념이 다른 사람을 만나게 돼요. 나 역시 그들과 다른 관습과 나만의 시각을 지니고 있는 사람이라 그들에게는 낯선 존재지요. 그 덕분에 우리는 각자 다르게 보는 세계에 대해 서로 이야기를 나눌 수 있어요.

올리비에와 랏지는 서로 친구 사이예요

프랑스에서 온 올리비에는 2년 전부터 발리에서 살고 있어요. 허리에 인도네시아의 민속 의상 사롱을 두르고 있지요. 사롱은 부드러우면서 가볍고 편해요. 랏지는 발리인이에요. 여행자들을 안내하는 일을 해요. 랏지는 낮에는 사롱을 입지만, 밤에는 가죽점퍼에 청바지 차림으로 나가기를 좋아해요. 사롱을 걸친 올리비에 그리고 청바지 차림의 랏지. 각자 다른 친구를 향해 한 발짝 다가선 모습이 아름답네요.

수천 명의 사람, 수천 개의 눈

나는 다른 사람들을 보아요. 다른 사람들도 나를 보지요. 내 눈에 비친 사람들은 말투도 괴상하고 옷차림도 이상해요. 마찬가지로 그 사람들 눈에는 내 모습이 괴상하게 보일 테지요. 두 눈을 가린 머리 모양도, 엉덩이를 겨우 가린 짧은 반바지도 굉장히 낯설 거예요. 내가 다른 사람이 이국적이라고 느끼는 것처럼, 다른 나라 사람도 내가 이국적이라고 느낄 테고요.

나는 다양한 시각으로 세상을 바라봐요. 다른 사람 역시 그렇지요. 그래서 홀로 떠난 여행인지 아니면 단체 여행인지에 따라 세상을 바라보는 눈은 다를 수밖에 없지요. 어린이들은 어디에 가든 두 팔 벌려 환영받아요. 가족끼리 여행을 하면 더욱 풍요로운 만남의 기회를 맞이할 수 있어요. 반면 단체 여행객은 현지인에게 쓸모없는 물건을 바가지 씌우기 딱 좋은, 만만한 손님이 될 수도 있지요.

새로운 눈으로 세상을 바라보는 연습을 해요

무엇을 보나요? 어떻게 보이나요? 눈앞에 보이는 것이 전부는 아니에요. 눈앞에 보이는 사물을 어떻게 볼 것인지 생각하는 힘도 중요해요. 여행이란 새로운 안경을 쓰고 새로운 눈으로 세상을 바라보는 것과 같답니다.

가방에 여행 안내서를 넣어 왔어요. 필요할 때 살펴보면 많은 도움이 될 거예요. 나만의 시각에 갇혀 있지 않도록 조심하세요. 때로는 아무런 계획 없이 이리저리 자유롭게 둘러보는 것도 좋은 경험이 된답니다.

서파푸아 중앙 고원에서 살아가는 다니족 여자아이

사진, 사진

흑백으로 찍을까요, 컬러로 찍을까요? 자동으로 초점을 맞출까요, 수동으로 조작할까요? 즉석카메라가 좋을까요, 일반 카메라가 좋을까요? 디지털 카메라는 어떤가요? 건전지를 넣어야 되는 사진기라고요? 아이고, 그건 정말 곤란해요! 여행지에서 건전지를 구하지 못할 수도 있으니까요.

왜 그럴까요?

좌측통행, 이슬람식 머릿수건, 손으로 밥 먹기. 이렇게 새로운 관습을 알아 가다 보면 어느새 세상을 바라보는 우리의 호기심도 쑥쑥 자라나지요.

왜 영국 사람들은 도로에서 좌측통행을 할까요?

중세 시대 유럽에는 기사들이 모두 왼쪽에 칼을 차고 다녔어요. 적이 나타나면 잽싸게 오른손으로 칼을 뽑아 들기 위해서였죠. 그래서 당시 사람들은 왼쪽에 찬 무기가 서로 맞부딪히지 않도록 왼쪽 길로 지나다녔어요. 그러다 나폴레옹 시대에 이르러 유럽의 이러한 관습이 바뀌었지요. 나폴레옹은 전투지에서 적군을 당황하게 만들 속셈으로 군사들에게 오른손에 무기를 들게 하고 오른쪽으로 통행을 하도록 명령을 내렸다고 해요. 그러나 영국은 여전히 중세 시대의 관습을 지키고 있지요.

왜 스페인 사람들은 늦은 시간에 저녁을 먹는 걸까요?

스페인은 오후 2시에서 5시 사이가 몹시 무더워요. 그래서 사람들은 이 시간이 되면 낮잠을 자요. 늦은 오후가 되어서야 비로소 집 밖으로 나오지요. 그래서 저녁 식사도 늦게 하는 거랍니다.

왜 이슬람을 믿는 나라에서는 일부 여자들이 히잡(머릿수건)을 쓰고 다니는 걸까요?

코란을 해석하고 실천하는 방식이 나라마다 다르기 때문이에요. 어떤 나라에서는 여자들이 반드시 히잡을 써야 해요. 신에 복종한다는 표시이기 때문이지요. 반면 어떤 나라에서는 꼭 히잡을 쓸 필요는 없어요. 대신 여성들에게 정절을 지킬 것을 요구하지요.

왜 중국 사람들은 선물을 받고 그 자리에서 바로 뜯어보지 않는 걸까요?

중국 사람들은 손님이 정성스럽게 포장해서 준 선물을 그냥 구석에 놔둔 채 눈길을 주지 않는 관습이 있어요. 손님이 돌아간 다음에야 선물을 풀어 보지요. 혹시 선물이 마음에 들지 않을 경우, 손님의 마음이 불편해질까 봐 그런답니다.

왜 세네갈에서는 볼일을 본 뒤 휴지를 쓰지 않을까요?

세네갈을 비롯한 많은 이슬람 나라에서는 볼일을 보고 난 뒤 휴지가 아니라 물로 뒤처리를 해요. 몸이 깨끗해야 하루에 몇 번씩 올리는 알라신에 대한 기도를 할 수 있거든요.

스페인 마드리드에서는 어둠이 깔린 뒤에야 식당가가 활기를 띠어요.

웃음과 오해

여행을 하다 보면 상황을 오해하거나 상대의 말을 잘못 이해하는 수가 있어요. 이때 상대가 큰 소리로 웃거나 여러분의 행동을 오해하고 화를 낼 수도 있겠지요. 하지만 걱정할 필요 없어요. 약간의 유머와 예의만 있다면 모든 일이 금세 해결될 테니까요.

언어를 뛰어넘어

나라마다 언어가 다르듯 규칙도 달라요. 예를 들어 이집트에서는 "아니요."라고 말하고 싶을 때는 눈썹을 추켜올려요. 고개를 흔들면 무슨 소리인지 모르겠다는 의미지요. 몇몇 아시아 국가와 마그레브 지역의 나라는 우정의 표시로 남자끼리 손을 잡기도 해요. 물론 여자끼리 손을 잡을 때도 있고요. 언어가 다르면 오해를 하기 정말 쉬워요. 그리스 작은 마을에서 이런 일이 있었어요. 제 동생이 한 아주머니와 아이들에게 사진을 찍어도 되냐고 물었대요. 그랬더니 마을 사람들이 우르르 자리를 떠나 버렸다는 거예요. 동생은 당황해서 어쩔 줄을 몰랐지요. 그러나 잠시 뒤 온 마을 사람들이 모두 꽃단장을 하고 미소를 지으며 그 자리에 다시 나타났대요. 예쁜 모습으로 사진을 찍고 싶어서였지요.

음식을 뛰어넘어

우리는 어릴 때부터 접시에 담긴 음식을 양손으로 숟가락과 포크를 이용해 먹는 법을 배우지요. 그런데 튀니지에서는 음식을 아무런 도구 없이 오른손으로만 먹어요. 왼손은 볼일을 보고 난 뒤 뒤처리할 때 사용하는 손이라고 생각하기 때문에 왼손을 사용해선 안 돼요. 또 식사를 할 때는 커다란 접시에 음식을 담아 모든 사람이 함께 먹는데, 자기 앞쪽에 있는 음식부터 먹어야 해요. 접시 맞은편 음식을 건드리는 건 예의 없는 행동이에요. 브라질의 리우데자네이루에 갔을 때는 소개받은 식당을 찾아가는 데 무려 3시간이나 걸렸답니다. 사람들에게 "이쪽이 맞나요?"라고 물을 때마다 언제나 "네, 아마도요."라고 대답했거든요. 브라질 사람들은 "아니요."라는 말을 하는 게 힘든가 봐요. 물론 친절하지만요.

작은 행동부터 조심해요

인도와 멕시코에서는 어린아이의 머리를 절대 건드리지 않아요. 영혼의 문이라고 생각하거든요. 그곳 사람들은 인간이 죽으면 정수리 꼭대기에 있는 숨구멍으로 영혼이 빠져나가 사후 세계로 향한다고 여긴답니다.

문화 충격

익숙하지 않은 새로운 문화를 보고 충격을 받을 수 있어요. 항상 숟가락과 젓가락을 써 오던 한국 사람은 손으로 밥을 먹는 인도 사람을 보고 깜짝 놀라겠지요. 이슬람 사람들은 항상 머릿수건을 하고 몸이 드러나지 않는 긴 옷을 입어요. 그런 사람이 짧은 미니스커트를 입은 미국 사람을 보면 놀라 자빠질걸요?

모로코의 하이 아틀라스 산악 지방에서 죽마고우끼리 인사를 나누는 모습

35

세계의 다양한 종교

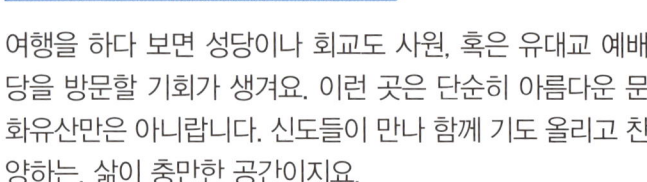

여행을 하다 보면 성당이나 회교도 사원, 혹은 유대교 예배당을 방문할 기회가 생겨요. 이런 곳은 단순히 아름다운 문화유산만은 아니랍니다. 신도들이 만나 함께 기도 올리고 찬양하는, 삶이 충만한 공간이지요.

세계에서 가장 유명한 종교, 기독교

기독교 신자에게 하나님은 사랑의 신이에요. 하나님은 인간을 악으로부터 구원하기 위해 자신의 아들 예수 그리스도를 이 땅에 보내셨지요. 기독교 신자들은 2,000년 전 예수가 죽음을 이겨 내고 부활했다고 믿어요. 기독교는 전 세계에 널리 퍼져 있으며, 오랜 시간이 흐르는 동안 다양한 형태로 나타났어요. 가톨릭교, 개신교, 그리스 정교 등으로 나뉘어 교리 해석을 놓고 의견이 팽팽하게 엇갈리기도 한답니다. 지금은 모든 기독교 종파의 신도가 서로 화합하며 평화롭게 살아가고 있어요.

여행 중에 종교 축일이나 일요일이 되면 교회나 성당을 한번 방문해 보는 것도 좋아요. 미사나 예배를 드리는 방식이 나라마다 얼마나 다른지 체험할 수 있거든요.

남녀가 따로 앉아 기도하는 유대교

예루살렘은 유대교의 중심지예요. 유대교는 히브리 민족 즉 이스라엘의 민족 역사를 바탕으로 하고 있는 종교지요. 히브리족은 스스로 하나님에게 선택을 받았다고 생각해요. 유대교 회당은 신도들이 교리를 공부하거나 기도를 하기 위해 찾는 예배당이에요. 유대교 회당에는 언약궤라는 게 있어요. 언약궤 안에는 '두루마리로 된 율법책(토라 두루마리)'과 유대교의 상징인 '일곱 촛대(메노라)'가 들어 있지요. 참, 유대교 회당에서 기도를 드리는 동안에는 남자와 여자가 따로 앉는다는 사실도 잊지 마세요.

유대교도는 토요일마다 안식일을 기념해요. 안식일이 되면 신자들은 일도 하지 않고 요리도 하지 않고 운전도 하지 않아요. 심지어 TV도 켜지 않는답니다. 대신 가족들이 한자리에 모여 성대하게 식사를 해요. 랍비가 인증해 준 유대교 율법에 맞는 정결한 음식 '코셔르'를 나누어 먹지요. 율법을 엄격하게 지키는 신도는 돼지고기나 게, 가재 등을 절대 먹지 않아요. 고기를 유제품과 함께 곁들여 먹는 일도 없지요.

하루에 다섯 번 기도하는 이슬람교

이슬람교는 알라의 말씀을 바탕으로 하는 종교예요. 알라가 마호메트에게 전한 말씀이 코란에 기록돼 전해지고 있지요. 이슬람 나라에서는 하루 다섯 번, 기도 시간이 되면 '무엣진'이 신도들을 회교도 사원으로 불러들여요. 요즘은 확성기를 통해 예배 시간을 알리지요. 금요일에는 이슬람교 각 교단의 지도자인 '이맘'이 대예배를 열어요. 회교도 사원에 도착한 신도는 신발을 벗고 예식에 따라 몸을 깨끗이 씻어요. 그다음 메카를 향해 절을 올리지요. 이슬람 교도는 매년 '라마단'을 기념해요. 한 달 내내 새벽부터 해가 질 때까지 먹지도 마시지도 않지요. 상점들도 줄줄이 문을 닫아요. 금식 기간이 끝나면 마침내 '이드 알피트르' 축제를 열고 라마단의 끝을 기념해요. 이슬람 신도는 돼지고기나 술을 절대 입에 대지 않는답니다.

정숙하고 예절 바르고 경건하게

기독교, 유대교, 이슬람교 신자들은 모두 예배 장소에 들어가기 전에 의복을 정갈히 차려입어요. 여자 신도 혹은 일부 종교의 남자 신도는 베일이나 두건(유대교 신자는 '키파'라는 작은 빵모자를 쓰지요) 등을 머리에 쓰기도 해요. 여행 중에 예배 장소를 찾을 때는 절대 반바지나 짧은 치마를 입지 마세요. 어깨를 드러낸 옷도 가급적 피하는 게 좋아요.

이슬람 신자는 기도하러 사원에 들어갈 때, 신발을 벗어요.

아시아의 종교

지구촌 곳곳에 수많은 종교가 있어요.
수많은 신이 인간과 함께하지요.

애니미즘, 자연의 종교

애니미즘은 자연을 중요하게 생각하는 종교예요. 모든 살아 있는 생물에게 영혼과 정신이 깃들어 있다고 믿는 종교지요. 어떤 나라에 가면 숲이나 나무, 혹은 바위 위에 작은 재단이 꾸며진 모습을 종종 만날 수 있어요. 타고 남은 향이나 재물, 염료 가루 등이 남아 있는 흔적도 찾아볼 수 있고요. 바로 현지인들이 신을 섬기려고 마련한 성스러운 공간이랍니다. 또한 특별한 이를 위해 만들어진 물건도 찾아볼 수 있어요. 어떤 목각상은 아이를 갖고 싶은 여인이 임신을 하도록 도와주고 어떤 조각상은 액운을 쫓는 데 쓰이기도 하지요.

인도에 널리 퍼진 힌두교

힌두교 신자는 굉장히 많은 신을 섬겨요. 그 가운데 가장 중요한 세 명의 신이 브라흐마, 비슈누, 시바예요. 힌두교는 예배를 드리는 날이 따로 정해져 있지 않아요. 신들에게 소원을 빌고 싶으면 언제든 사원을 방문할 수 있지요. 기독교 예배당과 달리, 힌두교 사원은 굉장히 생기가 넘치고 시끌벅적하답니다.

하지만 힌두교에도 지켜야 할 몇 가지 계율이 있어요. 힌두교에서는 발을 무척 나쁘게 생각해요. 바깥에 있는 더러운 것들을 안으로 들어오게 한다고 생각하거든요. 그래서 사원이나 집에 들어갈 때는 항상 신발을 벗어야만 하죠. 신이 계신 방향을 향해 발을 뻗고 앉아서도 안 돼요. 신발 끝으로 누군가를 가리키는 것도 절대 금물이고요. 마지막으로 소가죽으로 만든 허리띠를 매고 있다면 허리띠를 풀고 사원에 들어가야 해요. 힌두교는 소를 신성한 동물로 여기거든요. 목이 깊게 파이거나 어깨가 드러난 옷, 짧은 반바지 차림도 피하는 게 좋아요.

아시아 국가에 퍼져 있는 불교

불교에서 가장 중요한 인물은 부처예요. 부처는 세상 사람들이 고통 받는 모습을 보고 마음이 무척이나 아팠어요. 그래서 오랜 명상 끝에 해탈의 경지에 이르렀지요. 불교는 탄생한 뒤로 수 세기에 걸쳐 다양한 종파로 나뉘었어요. 동남아시아에서는 승려가 청빈한 삶을 살겠다고 서약을 해요. 그래서 승려들이 시주를 얻으러 다니는 모습을 흔히 볼 수 있어요. 반면 중국에서는 불교가 화려한 모습을 띤답니다. 절마다 풍채 좋은 부처상이 모셔져 있지요. 일본에서는 불교가 생활 속에 스며 있어요. 신자가 아니라도 사원에 참배를 하고 장례식은 불교 의식에 따라 거행하지요. 또한 다른 나라와 달리 승려들의 결혼을 인정하고 있답니다.

이른 아침부터 시주를 얻으러 다니는 라오스의 승려들

스바스티카의 남용

나치의 상징인 갈고리 십자가와 비슷한 문양을 부처의 가슴에서도 찾아볼 수 있어요. 바로 '스바스티카'이지요. 한자로는 '만(卍)'이라고 읽어요. 인도-유럽어족인 아리안족 문자예요. 태초의 기원을 상징하지요. 히틀러는 이 스바스티카에서 힌트를 얻어 끝이 구부러진 갈고리 모양의 나치 십자가를 만들어 냈어요. 행복을 상징하던 문양이 슬프게도 나치의 상징으로 유명해진 셈이지요.

세계 성지 순례자

성지 순례를 하면 여행과 종교 체험을 한번에 할 수 있어요. 신앙을 가진 사람은 성지 순례를 통해 자신의 믿음을 공고히 할 수 있지요. 성지 순례는 직접 걸으면서 해요. 한 걸음 한 걸음 옮기다 보면 깊은 생각에 빠져들 수 있거든요. 신을 향해 걸음을 옮기는 동안 정신과 육체가 하나가 된답니다.

❶ 스페인
산티아고 데 콤포스텔라
(야곱의 무덤으로 가는 길)

중세 시대부터 지금까지 수천 명의 신자가 매년 야곱(사도 야고보)의 무덤을 찾아와요. 산티아고는 로마와 함께 세계에서 가장 유명한 3대 기독교 성지로 꼽지요. 산티아고의 길을 찾는 사람들은 몇 주에 걸쳐 걸음을 옮기며 행복함을 만끽하는 도보 여행을 즐겨요.

❷ 프랑스
루르드

매년 6백 명의 순례자가 난치병이 치료되는 기적을 경험하려고 마사비엘 동굴을 찾아요. 1858년 양치기 소녀 벨라뎃다 수비루가 마사비엘 동굴에서 성모 마리아의 현신을 목격한 뒤로, 이 동굴은 성스러운 장소로 유명해졌어요.

❸ 이스라엘
예루살렘

예루살렘은 유일신을 믿는 종교, 특히 유대교 신자가 기도를 올리거나 순례를 하는 성지랍니다. 예루살렘은 먼 옛날 다윗과 솔로몬 시대의 수도였어요. 그러나 서기 70년 로마의 공격으로 예루살렘에 있던 유명한 신전이 파괴됐지요. 이때부터 신도들은 유일하게 남은 유적인 '통곡의 벽'에서 기도를 올리기 시작했답니다.

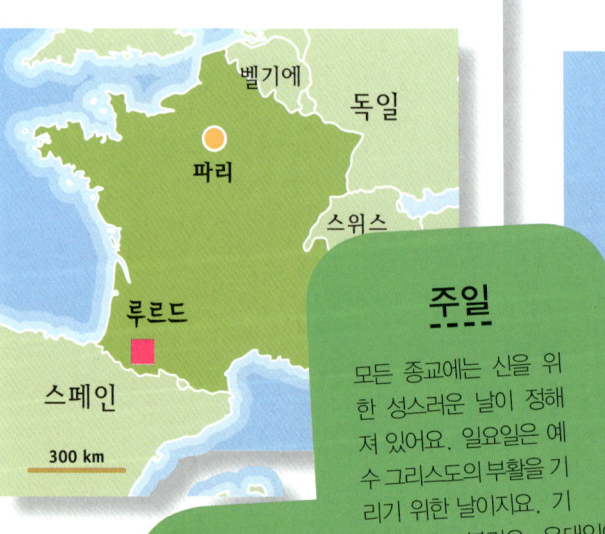

주일

모든 종교에는 신을 위한 성스러운 날이 정해져 있어요. 일요일은 예수 그리스도의 부활을 기리기 위한 날이지요. 기독교인들은 이 날을 주일이라고 불러요. 유대인에게는 토요일이 안식일이지요. 안식일을 의미하는 유대어 '샤밧(Shabbat)'은 세상을 창조한 지 일곱 번째 되는 날, 하나님이 취하신 휴식을 의미해요. 마지막으로 이슬람교 신자들에게는 금요일이 성스러운 날이에요. 아담과 이브의 창조를 기리는 이 날은 이슬람 신도들이 함께 모여 예배를 올리지요.

❹ 사우디아라비아
핫지와 메카

성지 메카를 순례한 사람에게는 핫지라는 칭호를 줘요. 이슬람 신자라면 누구나 일생에 꼭 한 번은 메카 순례를 해야만 해요. 메카 순례는 라마단이 끝난 뒤 두 달이 지난 '죄 사함의 날(아라파의 날)'에 하지요. 매해 메카를 방문하는 사람들은 2~3백만 명에 이른답니다.

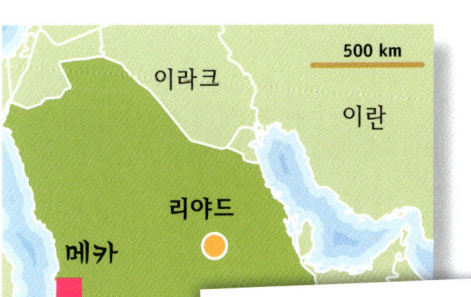

❺ 인도
아그라

인도에서도 우리는 신을 만나러 갈 거예요. 신을 만나러 가면 신만 만나는 게 아니라 새로운 명소도 덤으로 발견할 수 있답니다. 시바 신의 성스러운 도시인 아그라를 방문하면 타지마할이란 근사한 유적을 발견할 수 있지요. 종교의 나라인 인도에서는 모든 여행이 신과의 만남에서 시작된답니다.

❻ 일본
시코쿠

천 년 전부터 많은 순례자들이 코보 대사의 발자취를 돌아보기 위해 시코쿠 섬을 찾아와요. 코보 대사는 일본의 유명한 승려랍니다. 시코쿠 섬을 둘러보는 동안 순례자들은 88개의 신전을 들르게 돼요. 88이란 인간이 진정한 행복에 도달하기 위해 씻어 내야 할 죄악의 수를 의미하지요.

41

성스러운 곡식

쌀과 옥수수, 밀은 정말 중요한 곡식이에요. 전 세계 수백만 명의 사람을 먹여 살리고 있으니까요. 그러나 어떤 민족에게 이 세 가지 곡물이 신성한 곡식으로 여겨지기도 한답니다.

"밥 먹었니?"

쌀은 다섯 대륙에서 모두 생산돼요. 그런데 사람들은 '쌀' 하면 아시아를 먼저 떠올리지요. 중국 농촌에 가면 사람들이 서로 인사할 때 "밥 먹었니?"라고 질문해요. 아시아에서 쌀은 번영의 상징이기 때문이지요. 그래서 잔칫날이나 생일, 결혼식에서도 쌀을 흔히 찾아볼 수 있어요. 아시아 사람들은 쌀 한 톨에도 영혼이 깃들어 있다고 믿어요. 쌀 한 톨마다 담긴 에너지가 인간에게도 고스란히 전달된다고 생각하지요.

중국 남부 지방에서는 '자매절'이 되면 먀오족의 젊은 여자가 오색 찰밥을 바구니에 담아 자기를 좋아하는 남자에게 건네요. 밥알 밑에 젓가락이 감춰져 있으면 여자가 상대의 마음을 받아 준다는 뜻이지요. 솔잎이 들어 있으면 한번 만나 보자는 뜻이고요. 고추가 들어 있으면 다른 여자를 알아보라는 뜻이랍니다.

신이 내린 선물, 옥수수

'옥수수' 하면 떠오르는 곳은 아메리카 대륙이에요. 옥수수는 아메리카 대륙의 원주민 사이에서 신성한 곡식으로 통하거든요. 마야인이 사용하던 달력을 보면 옥수수와 관련된 날이나 의례를 쉽게 찾아볼 수 있어요. 옥수수는 신이 인간에게 내린 최고의 선물이라서 항상 경건한 마음으로 대해야 해요. 아메리카 원주민은 여자가 부엌에서 옥수수를 반죽할 때도 옥수수에게 말을 걸거나 옥수수와 교감을 나눈답니다. 옥수수 전병(토르티야)이 완성되면 손으로 맛있게 먹어 보세요. 원주민은 옥수수를 먹을 때 숟가락이나 포크를 사용하지 않고 그냥 손으로 먹는답니다.

서구 번영의 상징, 밀

밀은 옥수수나 쌀과 함께 주요 3대 곡식에 속하지요. 빵이나 세몰리나(파스타나 푸딩에 들어가는 굵은 밀가루), 파스타, 비스킷 등을 만드는 데 쓰이는 밀은 서구 문명에서 매우 중요한 먹거리로 통해요.

밀은 번영을 상징해요. 그래서 고대 로마 시대부터 갓 결혼한 젊은 부부에게 예쁜 자손을 많이 낳으라는 의미로 밀을 던지는 관습이 전해져 내려오고 있지요. 중세 시대에도 밤에 달빛을 받으며 딴 밀은 사랑의 징표로 여겨졌어요. 밀을 추수할 때면 농부는 마지막 단을 밭에 그대로 남겨 두었어요. 그래야 이듬해에 농사가 잘 된다고 믿었거든요.

과테말라에서 옥수수 전병을 만드는 장면

천지 창조

신은 인간을 창조할 때 세 번이나 다시 고쳐 만들었대요. 첫 번째 인간은 진흙으로 빚었는데 금세 물에 녹아 버렸지요. 두 번째는 나무로 만들었는데 너무 무표정하고 잘 움직일 수 없었대요. 그러다 비가 오자 이내 썩어 버렸지요. 그래서 결국 신은 노란색과 흰색의 옥수수 가루로 인간을 만들기로 마음먹었답니다.

– 마야 키체족의 성서, 《포폴 부》 중에서

물과 나무를 보호해요

해수욕과 캠프파이어, 등산, 물총 싸움, 나무 오르기 등은 물과 나무가 우리에게 주는 즐거움이에요. 우리는 흔히 물과 나무는 아무리 써도 없어지지 않을 거라고 착각하기 쉬워요. 하지만 이미 물과 나무가 부족해서 곤란을 겪는 곳이 많이 있답니다.

점점 귀해지는 물

지구 상에 물은 결코 부족하지 않아요. 지구의 70%가 물로 뒤덮여 있거든요. 그런데 지구의 물 중 97%가 짠물인 바닷물이에요. 인간이 마실 수도, 밭에 길어다 쓸 수도 없는 물이지요. 인간이 실제로 이용할 수 있는 물은 민물인 담수의 1%에 불과하답니다. 게다가 산업이나 농업 활동으로 인해 물이 오염되면서 각종 문제가 발생하고 있어요. 또한, 호수나 강이 모든 나라에 골고루 분포되어 있지 않은 것도 큰 문젯거리지요.

물이 없으면 농사를 짓기 힘들어요. 그래서 물이 부족한 나라들은 자국의 발전을 위해 관광으로 눈길을 돌렸어요. 그러나 관광은 가장 물을 많이 사용하는 산업이랍니다. 최고급 호텔이 155일 동안 사용하는 물이면, 1헥타르의 벼를 재배할 수 있고 석 달 동안 100가구를 먹여 살릴 수 있다고 해요.

마지막 나무를 베어 버리고
마지막 강을 오염시키고
마지막 물고기까지 잡고 나면
그제야 깨닫게 될 거예요.
돈은 결코 먹을 수 있는 게
아니라는 것을요. _캐나다 원주민 크리족의 속담

세계의 허파, 숲

지구의 3분의 1은 숲으로 뒤덮여 있어요. 그러나 숲의 80%가 자취를 감추었지요. 숲은 땅이 침식되는 것을 막아 주고, 공기도 맑게 해 주어요. 개울이나 못에 물이 잘 빠지도록 도와주기도 하지요. 게다가 강물의 양과 기후를 조절하고, 대기 오염의 주범인 탄소도 빨아들인답니다. 다양한 생물이 살 수 있는 것도 나무숲 덕분이에요. 그래서 숲이 망가지면 지구의 균형도 깨지게 되지요.
브라질의 아마존 숲은 많은 부족민에게 '어머니'와도 같은 존재예요. 브라질에서는 많은 부족이 자연과 조화를 이루며 살아가고 있어요. 선조가 가르쳐 준 특별한 지식(숲에서 걸어 다니는 방법, 사냥하지 말아야 할 동물 등)을 보존하기 위해 노력하지요. 한편 아마존의 어떤 나무들은 신성히 여겨져 종교 의식에 사용되기도 해요. 오늘날 브라질 원주민은 광산 개발, 도로 건설, 목재 산업 등으로 삶을 위협받고 있어요. 그래서 아마존 숲의 개발 반대 운동을 벌이기도 하지요. 이제는 관광 업계마저 아마존 숲에 군침을 흘리기 시작했어요. 여행객이 쓰고 간 돈이 아마존의 자연을 보존하는 데 쓰일 수 있을까요?

환경에 맞게 지은 집

세계 곳곳의 집을 구경하다 보면, 인간이 환경에 적응하기 위해 얼마나 다양한 방법을 생각해 냈는지 여실히 깨달을 수 있답니다.

스웨덴 : 나무 집

스웨덴은 기온이 영하 40℃까지 내려가는 데다 날도 빨리 저물어요. 그래서 전나무 같은 나무를 사용해 집을 짓지요. 나무 집은 따뜻한 공기가 밖으로 잘 새어 나가지 않도록 열을 차단해 주어요. 나무 집에는 나무가 썩지 않도록 기름과 돌가루를 섞어 만든 페인트를 칠해요. 이때 돌가루 때문에 집이 빨간색을 띤답니다.

튀니지 : 동굴 집

튀니지 남쪽에 가면 베르베르족이 사는 동굴 집을 볼 수 있어요. 동굴 집은 집 지을 재료가 거의 들지 않고, 여름철이나 겨울철에 상관없이 모든 기후에 적합하죠. 단단한 돌벽이 추위는 물론 더위도 잘 막아 주거든요.

캐나다
북아메리카
미국
태평양
브라질
남아메리카
대서양
남극

페루 남부 남쪽에 있는 알티플라노는 평균 고도가 4,000m에 이르는 고산 지대예요. 비가 적고 얼음이 얼 정도로 날씨가 매서운 지역이지요. 알티플라노 주민들은 담벼락이 있는 거대한 집을 짓고 살아요. 주로 흙을 이용해 집을 짓는데, 흙이 추위를 막아 주는 단열재 역할을 톡톡히 하기 때문이랍니다.

페루 : 흙집

하늘로 솟은 도시

뉴욕은 바다 때문에 건물이 들어설 땅이 부족해요. 그래서 뉴욕 사람들은 하늘 높이 마천루를 지었지요. 2001년 9.11 테러로 세계무역센터 건물이 무너진 자리에 2014년 원 월드 트레이드 센터가 들어섰어요. 높이가 541m로, 뉴욕시에서 가장 높은 건물이에요.

몽골 : 조립식 둥근 천막, 유르트

몽골의 유르트는 동물 가죽과 펠트를 이용해 만들어요. 몇 시간 만에 뚝딱뚝딱 집을 조립할 수 있어 유목민의 생활에 적합하지요. 유르트 안에는 방이 하나뿐이에요. 방 하나에 난로와 소파, 의자 그리고 가구 몇 점이 있지요.

캄보디아 : 기둥 위에 세운 집

캄보디아에 가면 기둥 위에 세운 크메르족의 집을 볼 수 있어요. 기둥 위에 올린 집은 비가 와도 끄떡없고 바람도 시원하게 잘 통하지요. 마룻바닥은 물론, 문이나 창문을 통해서도 공기가 잘 드나들어 집이 쾌적하고 시원하답니다.

파푸아에 사는 코로와이족은 수렵과 채집으로 생활하는 민족이에요. 나무 위에 집을 짓고 살아가지요. 코로와이족은 주변의 부족민과 얼마나 사이가 나쁜지, 또 주변 환경이 얼마나 위험한지에 따라 8~30m 높이로 다양하게 집을 짓는답니다.

파푸아 : 나무 위에 지은 집

패시브 하우스

독일 브라이스가우 지방의 프라이부르크는 프랑스 및 스위스 국경 가까이에 위치해 있어요. 프라이부르크에 있는 보봉 생태 마을에 가면 집집마다 태양열 집열판이 설치되어 있어요. 태양 에너지를 이용해 난방과 온수를 만들어 내는 거예요. 이 집은 에너지를 소비하는 양보다 생산하는 양이 훨씬 많아요. 이런 집을 '패시브 하우스'라고 불러요. 미래에는 패시브 하우스가 훨씬 더 많아지지 않을까요?

47

현지인의 집을 방문해요

외국 친구가 사는 집을 방문하면 인사를 하기 전에 늘 머뭇거리게 돼요. 나라마다 인사법이 다르기 때문이지요.

러시아 모스크바에 사는 보리스의 집으로 저녁 식사 초대를 받았어요

보리스가 우리 가족을 자기 집에 초대했어요. 부모님은 보리스의 부모님과 건배를 하고 보드카를 함께 마셨어요. 그런데 저는 아버지가 큰 실수를 하신 줄 알고 너무 당황했어요. 아버지가 갑자기 어깨 너머로 술잔을 던지셨거든요. 알고 보니 러시아에서는 건배 뒤 술잔을 깨는 풍습이 있대요. 술잔을 깨뜨리면 악마가 놀라서 도망간대요. 즉, 행운을 빌고 악운을 몰아내기 위해 술잔을 깨뜨리는 거랍니다.

영국 펜팔 친구 샤를로트의 집을 방문했어요

샤를로트 집을 방문하게 되어 정말 기뻐요. 샤를로트의 부모님은 저를 만나자 반갑게 안아 주셨어요. 영국인은 프랑스인처럼 뺨에 뽀뽀를 하지 않아요. 대신 '포옹'을 하지요. 포옹은 미국에서 시작되어 영국으로 전해진 인사법이에요.

모로코에 사는 사이드의 마을을 찾아갔어요

인정이 넘치는 사이드네 마을은 절대 잊을 수가 없을 거예요. 마을 사람 모두 넉넉지 않은 형편에도 싫어하는 기색 없이 우리를 반갑게 초대해 주었지요. 여행 가이드의 집까지 방문했을 정도랍니다. 가이드의 집을 방문했을 때, 가이드 아버지께서 "살람 알레이쿰."이라고 말하며 우리를 반갑게 맞아 주셨어요. 우리는 바닥에 앉아 민트차를 함께 마셨지요.

중국 상하이에 사는 진의 가족을 만났어요

상하이에 사는 멋진 가족의 초대를 받았어요. 아버지는 중국에 대해 잘 알고 계셔서, 꽃 대신 과일을 선물하셨지요. 진의 가족은 정말 따뜻하게 환대해 주었지요. 진의 어머니가 제 손을 얼마나 오래 붙들고 계시던지, 평생 놓아주지 않으실 것만 같았다니까요.

독일 펜팔 친구 안드레아스의 집을 방문했어요

작년에 안드레아스란 친구를 알게 되었는데 그 친구가 올여름, 바이에른에 있는 자기 집으로 저를 초대했답니다. 친구의 부모님을 뵌다는 것이 부담되었는데, 안드레아스 부모님께서 얼마나 친절하게 맞아 주셨는지 몰라요. 독일은 인사를 할 때 악수를 즐기더라고요.

프랑스 툴루즈에 사는 사촌 카미유를 만났어요

사촌 카미유는 툴루즈에 살아요. 저는 사촌 집에 놀러 가는 걸 무척이나 좋아해요. 그런데 툴루즈에서는 뺨에 뽀뽀를 두 번만 하고 끝낸답니다. 옆 동네 아베롱에서는 세 번씩 하는데 말이에요. 이렇게 가까운 곳에 사는데도 인사법이 다르다니, 정말 놀랍지 않나요?

옷이라는 언어

다른 나라를 가 보면, 옷이 그 옷을 입은 사람에 대해 얼마나 많은 것을 알려 주는지 알게 돼요. 옷은 사람의 세계관이나 문화, 종교적 관습을 잘 보여 주지요.

스코틀랜드 : 킬트

킬트는 아일랜드에서 유래한 체크무늬(타탄 체크) 모직 치마로, 남자들이 입어요. 추위와 습기를 잘 막아 주기 때문이지요. 옛날에는 부족마다 자기 부족만의 무늬와 색이 들어간 킬트를 입었다고 해요. 오늘날 스코틀랜드 사람들은 중요한 날뿐만 아니라 평상시에도 킬트를 즐겨 입는답니다.

캐 나 다

북아메리카
미 국

대 서 양

과테말라 : 우이필

망토처럼 생긴 우이필은 옛날 마야인들이 입던 전통 의상이에요. 스페인에게 정복당하고 다른 나라와 교역을 하고 여행객을 맞이하면서 우이필도 조금씩 변신을 거듭했지요. 그러나 오늘날에도 여전히 우이필은 옷을 입는 사람의 인종이나 마을, 신앙을 나타내고 있답니다.

브 라 질
남아메리카

청바지는 누가 만들었을까요?

독일 바이에른에서 태어난 리바이 스트라우스가 처음 청바지를 만들었어요. 원래는 미국 샌프란시스코에서 금광을 찾아다니던 사람들과 노동자들이 입는 작업복이었는데, 금세 현대인을 상징하는 옷으로 탈바꿈했지요. 리바이 스트라우스는 세계적인 청바지 브랜드 '리바이스'의 창업자이기도 하답니다.

파푸아족의 몸치장

파푸아족은 정령을 숭배하는 민족으로 외진 지역에서 살아요. 여자들은 가슴을 드러내고 다니고, 남자들은 성기 가리개를 입어 소중한 부위를 보호하지요. 조개껍데기나 깃털, 박쥐 날개뼈 등을 코에 꿰어 몸을 치장하기도 한답니다.

일본 : 기모노

러시아

유럽

아시아

서남아시아 (중동)

인도

아프리카

태평양

기모노는 일본의 전통 의상이에요. 모양에 따라 서로 다른 의미가 담겨 있어요. 소매가 짧은 기모노인 '도메소데'를 입었다면 결혼한 여자라는 의미예요. 반대로 소매가 아래로 길게 펼쳐진 기모노인 '후리소데'는 결혼하지 않은 여자만 입는 옷이지요.

니캅은 눈 부분만 드러내고 몸 전체를 가리는 긴 옷을 말해요. 사우디아라비아를 비롯하여 이슬람을 믿는 페르시아 만의 많은 국가에서 여자들이 입지요. 때로는 니캅과 함께 히잡이나 차도르, 부르카를 입기도 해요. '히잡'은 머리만 가리는 머릿수건이고요, '차도르'는 얼굴을 뺀 몸 전체를 가리는 넓고 긴 검은색의 옷을 가리키지요. '부르카'는 남자들이 볼 수 없도록 눈을 포함한 여자의 몸 전체를 가리는 옷이에요.

파뉴는 몸에 두르는 천 조각이에요. 서아프리카에서 평상복으로 즐겨 입지요. 파뉴는 아기를 업는 아기 띠로도 사용돼요. 신화 속 이야기 또는 중요한 사건이 담긴 그림이나 문양이 옷 위에 새겨져 있지요.

사우디아라비아 : 니캅

발리에서는 신전에 가거나 종교 축일이 되면 남자들이 '사롱'을 차려입어요. 이때 허리에는 반드시 허리띠처럼 스카프를 둘러매야 해요. 순수한 신체 부위로 여기는 상체와 더럽다고 경시되는 하체(특히 발)를 스카프로 또렷이 구분하는 거지요.

인도양

인도네시아 : 사롱

아프리카 : 파뉴

남극

51

마음의 문을 열어 주는 차

차 한 잔 함께하는 시간은 별거 아닌 듯해도 즐거움을 주지요. 먼 곳에서 찾아온 손님을 맞이하는 현지인들에게는 차와 커피가 큰 의미를 지니기도 한답니다.

다도

어쩌면 그저 차 한 잔 마시는 일일지 몰라요. 그러나 우리는 차를 마시는 동안 잠시 시간이 멈추는 듯한 느낌에 사로잡히지요. 차의 본고장 중국을 여행하다 보면 한 번쯤 차를 대접받는 순간이 찾아올 거예요. 중국에서는 뜨거운 물에 찻잎 몇 장을 우려 대접해 주어요. 반면 일본은 차를 마실 때 훨씬 더 엄격한 예법을 따른답니다. 다실이라는 차 마시는 방이 따로 있을 정도예요. 일본 사람들은 다실에서 예법에 따라 차를 마셔요. 다실에 있는 꽃과 그림이 차를 음미하기에 좋은 평온한 휴식처 같은 분위기를 자아내지요. 한편 인도에서는 차에 향신료나 우유, 설탕 등을 타 먹기도 해요. 특히 인도 길거리에서는 일회용 찻잔에 차를 파는 모습이 눈에 띄어요. 신분이 낮은 사람과 똑같은 잔에 차를 마시지 않기 위해서랍니다.

마그레브 지역에서는 쇠나 주철로 만든 찻주전자를 직접 불 위에 데워 차를 마시지요. 차에 민트나 설탕을 섞은 뒤, 작은 찻잔에 여러 번 따라 마셔요. 보통은 세 번쯤 따라 마시지요. 남아메리카에서는 '마테'라는 차를 마셔요. 예르바 마테라고 불리는 찻잎을 우려 만든 차지요. 마테차는 정신을 맑게 해 준답니다.

커피 한 잔과 함께 즐기는 휴식

세계 커피 생산량의 90%는 남반구에 있는 개발 도상국에서 생산돼요. 커피를 소비하는 곳은 북반구의 잘사는 나라들이고요. 많은 지구촌 사람들에게 모닝커피는 여전히 낯선 차예요.

프랑스에서는 친구가 잠깐 집에 들르면 커피를 대접해요. 에스프레소의 나라로 유명한 이탈리아에서는 주로 바 같은 곳에서 설탕이 조금 들어간 진한 커피를 마시지요. 에티오피아에서는 커피를 마실 때 '분나 마프라트'라는 전통 커피 예법을 따라요. 여유를 가지고 예법에 따라 커피를 마시며 주인과 손님이 서로 친해지는 시간을 갖는 것이지요.

커피란 지옥처럼 까맣고,
죽음처럼 강렬하며,
사랑처럼 감미로워야 한다.

_터키 속담

차의 유래

전설에 따르면, 불교 승려 달마는 명상을 하는데 자꾸만 졸음이 밀려오자 눈꺼풀을 잘라 버렸다고 해요. 그러자 눈꺼풀이 떨어진 땅에 싹이 트고 나무가 자랐는데 잎 모양이 눈꺼풀과 비슷했대요. 그런데 이 잎을 달여 먹었더니 잠이 싹 달아나지 뭐예요. 달마는 이 나무를 '차나무'라고 불렀대요.

모로코에서는 민트차를 조금씩 홀짝홀짝 마신답니다.

여행과 관련된 직업

여행하며 만나는 사람들, 나를 여행지까지 태워 주고, 내게 조언을 해 주고, 도움의 손길을 건네는 사람들. 그런 사람들과의 만남이 바로 여행에서 얻는 또 하나의 즐거움이지요.

자동차 수리공 첸

첸은 시골에서 올라왔어요. 돈을 벌기 위해 중국의 베이징 교외로 이사했지요. 10년 동안 온갖 아르바이트를 전전하다 지금은 거리에서 자전거 수리를 해요. 바퀴에 바람을 넣어 주거나 브레이크를 조이는 일 등을 하지요. 단골손님에게는 가끔 공짜로 수리를 해 준답니다.

현지 관광 가이드 호비

호비는 마다가스카르 사람이에요. 자기 나라를 사랑하는 호비는 여행객들에게 나라를 알리는 일에 열심이지요. 호기심 많고 영리한 호비는 여행자들에게 현지의 관습을 재미있게 설명해 주어요. 여행자를 해안가 자기 마을로 데려가 주민들과 인사시켜 주기도 한답니다. 호비네 마을 주민들도 여행자와 교류하는 것을 즐거워해요.

관광버스 운전사 실비오

실비오는 이탈리아 밀라노에 살지만 유럽의 도로를 누비고 다니길 좋아해요. 실비오는 이탈리아 곳곳을 속속들이 꿰고 있지요. 그래서 여행자들에게 가 볼 만한 장소를 가르쳐 주기도 하고, 도움이 될 만한 충고도 아끼지 않는답니다. 명랑하고 세심한 실비오는 자신의 버스를 아기 다루듯 애지중지 아껴요. 시끄럽고 무례한 승객은 좋아하지 않지요.

캠핑장 레크리에이션 강사 스테판

스테판은 대학생이에요. 등록금을 벌기 위해 여름 내내 프랑스의 필라 사구에 있는 캠핑장에서 일해요. 캠핑장을 찾는 사람들을 즐겁게 해 주거나, 저녁 파티 계획을 짜거나, 캠프파이어나 낚시 대회처럼 재미있는 게임을 준비하지요. 또 휴가객이 서로 친해질 수 있도록 다리 역할을 하기도 한답니다.

릭샤(인력거) 운전사 제이

제이는 인도의 뉴델리에서 일해요. 제이는 첸나이 출신의 타밀족인 친구 안부와 릭샤 한 대를 함께 빌렸지요. 그러나 릭샤를 몰고 받는 돈으로는 아내와 자식 셋을 먹여 살리기가 힘들어요. 그래서 제이는 여행객들에게 요금을 더 받고 싶어 하죠. 그래야 첫째가 학교 공부를 계속할 수 있을 테니까요.

노점상 마리아

마리아는 아침부터 밤까지 늘 한자리를 지켜요. 한자리에 붙박인 채 자잘한 쿠바 기념품이나 짭짤한 튀김 요리를 팔지요. 아침이면 여행객을 붙잡고 물건을 팔고요, 어둠이 내리면 비로소 자리에 앉아 라디오를 켜요. 라디오에서는 살사 음악이 흘러나와요. 여러분, 절대 노점상에서는 물건 값을 깎지 마세요. 대신 정해진 상품 가격을 꼭 지키세요. 그래야 거리의 모든 아이들이 맛있는 식사를 즐길 수 있을 테니까요.

호텔 프런트 직원 나타샤

나타샤는 러시아의 모스크바에서 태어나 자랐어요. 나타샤는 러시아어와 영어, 프랑스어를 능숙하게 구사하지요. 덕분에 프랑스의 니스에 있는 호텔에서 일할 수 있었답니다. 호텔에서 나타샤는 손님을 맞이하거나 손님이 겪는 온갖 골치 아픈 문제를 해결하는 일을 도맡아 하지요. 나타샤는 언젠가 자기 호텔을 운영하는 게 꿈이랍니다.

등산객을 돕는 짐꾼 카를로스

카를로스는 안데스 산맥과 봉우리를 훤히 꿰뚫고 있어요. 그곳에서 자라난 토박이거든요. 외진 마을에서 태어난 카를로스는 부족한 생활비를 채우기 위해 등산객의 무거운 짐과 배낭을 대신 들어 주는 일을 해요. 여러 날에 걸쳐 해야 하는 고된 일이지요. 하지만 아이를 다섯이나 먹여 살려야 하니 달리 도리가 없답니다.

세계를 먹어요

현지인과 함께 식사해 보세요. 그럼 그 나라의 음식이 어떤 것인지 알 수 있답니다. 더불어 그들의 음식 문화에 대해서도 자연스럽게 알게 될 거예요.

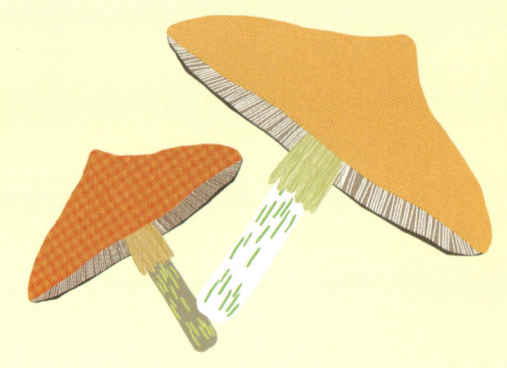

❶ 영국
피시 앤 칩스

영국을 여행하는 동안 '피시 앤 칩스'를 먹지 않고 그냥 지나치기가 쉽지 않아요. 영국인은 감자튀김을 곁들인 생선튀김을 무척이나 좋아하거든요. 영국에서는 종종 피시 앤 칩스를 날짜가 지난 신문지에 싸서 주기도 해요. 피시 앤 칩스는 값싸고 간편한 먹거리예요.

❷ 브라질
페이조아다

포르투갈에서 유래한 '페이조아다'는 오늘날 브라질 대표 음식으로 유명해요. 옛날에 잔칫날이 되면 노예도 그 날만큼은 돼지고기를 먹을 수 있었어요. 이때 돼지고기를 검은콩과 함께 섞어 먹었지요. 그러다가 일반 사람들도 돼지고기를 검은콩과 먹기 시작했어요. 지금은 고급 식당에서도 맛볼 수 있는 음식이 되었답니다.

❸ 스페인
파에야

'파에야'는 커다란 팬에 담아 식탁 중앙에 놓고 먹어요. 파에야는 사프란 향이 가미된 쌀과 해산물, 고기를 섞어 만든 요리예요. 스페인 사람뿐 아니라 외국인들 사이에서도 인기가 좋지요. 스페인을 한 바퀴 돌면 지방마다 각기 다른 다양한 파에야 요리를 맛볼 수 있답니다.

식탁에서

모든 나라 사람들이 그릇 옆에 항상 숟가락과 젓가락을 놓는 건 아니에요. 마그레브 지역에서는 오른손으로 음식을 집어 먹고, 유럽에서는 포크와 나이프를 사용해 식사를 하지요. 또 어떤 나라에서는 야자수 잎이나, 빵 조각, 돌돌 만 크레이프 위에 음식을 올려 먹기도 한답니다.

호기심은 결코 나쁜 버릇이 아니에요

여행 중에는 호기심을 가질 줄 알아야 해요. 특히 여행하는 나라의 음식에 관심을 기울일 필요가 있죠. 중국의 전갈 꼬치에서 페루의 기니피그 요리, 라오스의 개미 요리, 프랑스의 달팽이 요리에 이르기까지, 참으로 신기하고 새로운 음식들이 많아요. 외국 사람들이 처음 보면 신기할 우리나라 요리에는 어떤 것이 있을까요?

❹ 마그레브 – 북아프리카
쿠스쿠스

베르베르족이 먹던 쿠스쿠스는 모로코의 대표 음식이에요. 오늘날 많은 마그레브 국가들이 쿠스쿠스를 즐겨 먹는답니다. 쿠스쿠스의 주재료는 세몰리나예요. 입자가 굵은 밀가루지요. 쿠스쿠스는 곳에 따라 조리법이 다양해요. 태양과 열기, 환영의 마음을 한데 버무린, 여럿이 함께 즐기는 잔치용 음식이랍니다.

❺ 우즈베키스탄
플로브

'플로브'는 다양한 재료와 쌀을 함께 볶아 내는 볶음밥 요리예요. 양고기와 양파, 향신료 향기를 풍기며 실크로드를 따라 전파되었어요. 플로브의 향긋한 내음은 중앙아시아 전역은 물론 러시아까지도 진하게 물들였지요.

❻ 마다가스카르
로마자바

채소를 넣고 끓이는 '로마자바'는 잔칫날이나 손님이 방문하였을 때 내놓는 특별한 요리랍니다. 로마자바에는 등에 혹이 있는 마다가스카르의 명물인 제부(소)와 토마토, 마늘, 양파, 생강 등이 들어가요. 마다가스카르에서는 멀리서 찾아온 여행자에게 밥과 함께 로마자바 요리를 내어 융숭하게 대접하지요.

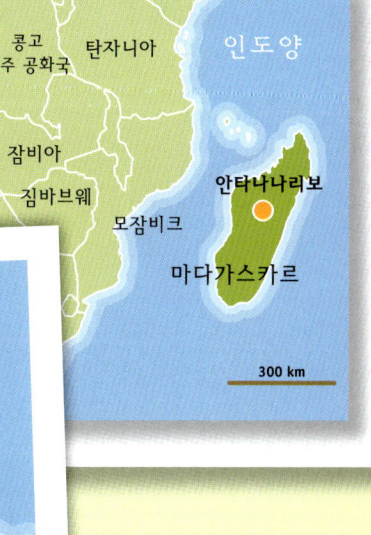

즐거운 축제

축제는 여행의 백미라고 할 수 있어요. 특별한 예식이나 행사를 통해 잠시 스쳐 지나가는 사람들끼리도 진한 우정을 나눌 수 있답니다. 또한 어떤 도시나 문화 혹은 민족이 지닌 고유의 특징도 오롯이 느낄 수 있고요.

신성한 시간

결혼식, 예배, 장례식, 세례식, 추수와 같은 성스러운 의식에 참여하는 시간은 여행의 묘미라고 할 수 있어요. 계획에 없던 뜻밖의 경험과 함께 여행지를 깊게 들여다볼 수 있는 창이 되어 주지요.

세상에 노는 것만큼 좋은 것도 없지요!

축제를 싫어하는 나라와 민족은 세상 어디에도 없을 거예요. 축제는 다람쥐 쳇바퀴 도는 듯한 우리의 일상에 숨통을 틔워 주지요. 축제를 즐기며, 스트레스를 한 방에 날려 버릴 수도 있고요. 또 멀리서 찾아온 손님을 반갑게 맞이할 수도 있지요. 축제는 멀리 떨어진 마을의 젊은이들에게 만남의 장이 되기도 하지요. 때로는 축제가 인연이 되어 결혼에 이르는 커플도 있답니다. 우리는 온갖 이유를 들어 축제를 벌일 수 있어요. 어른이 된 것을 축하하기 위해, 다른 사람에게 자신의 부를 과시하기 위해, 자기 지역을 홍보하기 위해, 심지어 여행객을 즐겁게 해 주기 위해서도 축제를 열 수 있지요.

여기저기 축제를 찾아

세계 일주를 할 기회가 있다면 이탈리아의 베네치아나 프랑스의 됭케르크, 브라질의 리우데자네이루에서 열리는 카니발에 한번 가 보고 싶어요. 그다음 전국을 가득 메운 부활절 종교 행렬을 보기 위해 스페인으로 단숨에 달려갈 거예요. 아프리카도 둘러볼 거고요. 운이 좋다면 성인식을 구경할 수도 있을 거예요. 아프리카에서는 성인이 되면 온 마을 주민이 한자리에 모여 축하해 주거든요. 그런 뒤, 모로코로 향할 거예요. 모로코에서는 라마단 종료 축제인 희생제(이드 알–아드하)가 한창일 테니까요. 은쟁반 위에는 과자들이 피라미드처럼 잔뜩 쌓여 있겠죠.

이젠 인도로 향할 거예요. 결혼식에 참석해 꽃으로 가득한 색채와 향기의 축제를 즐길 수 있을 테니까요. 그리고는 중국 남부에 있는 작은 마을을 찾아갈 거예요. 여자들이 노래를 부르며 방문객을 반갑게 맞아 준대요. 핼러윈이 한참인 미국으로 가서 마녀로 변장도 해 보고 싶어요. 연 축제를 구경하기 위해 과테말라로 떠나는 건 어때요? 연 축제를 보고는 프랑스에 가는 거예요. 프랑스 브르타뉴 전통 축제에 참석해 신나게 춤을 추는 거죠. 망통의 레몬 축제, 콜롱브의 버찌 축제, 부르고뉴의 달팽이 축제에도 참가해 신명난 시간을 보내고 싶어요.

프랑스의 됭케르크에서 열린 축제를 즐기는 사람들

축제로 시작해요

중세 시대의 종교 달력을 보면, 전통적으로 한 해의 출발은 언제나 축제 기간으로 시작돼요. 옛날 사람들은 새로운 한 해를 맞이하기 전에 축제를 열어 흥겨운 시간을 가졌답니다. 축제 기간에는 가난한 이들이 왕의 옷도 걸쳐 볼 수 있고, 가면과 화장의 힘을 빌려 평소에는 상상하기 힘든 대담한 행동을 해 보기도 하지요.

집으로 돌아가요

제대로 여행하는 일은 중요해요. 어떻게 비행기를 타고 어떻게 세상을 구경할지 알아야 하지요. 그러나 집으로 제대로 돌아오는 법 역시 중요하답니다. 새로 사귄 친구와 이별하는 법, 어느새 익숙해져 버린 지구촌 한 귀퉁이를 떠나는 법도 알아야 하지요.

집으로 돌아가는 과정도 중요해요

여행을 하는 동안 우리는 새로운 장소, 새로운 친구들에게 깊은 애정을 느껴요. 그래서 집으로 돌아오는 일이 항상 쉬운 것만은 아니지요. 게다가 우리가 돌아가야 하는 일상이 언제나 신나는 것도 아니잖아요. 그래도 우리는 집으로 돌아가야 해요. 작별 인사를 해야 하지요. 소중한 추억들을 마음속에 간직한 채 말이에요. 자동차를 타고 떠날 때까지 배웅해 주던 마을 사람들, 친구가 기념으로 그려 준 그림 한 장, 사람들과 주고받은 선물, 서로의 주소를 급하게 휘갈겨 쓴 쪽지, 목걸이를 벗어 내 목에 걸어 주던 아저씨……. 아마도 오래도록 잊지 못할 소중한 추억이 되겠지요?

몸은 돌아왔지만 마음까지 온전히 돌아온 건 아니에요

집에 돌아왔다고 여행이 완전히 끝난 것은 아니에요. 집에 돌아오고 난 뒤에 한동안 우리는 여행지에 대해 이런저런 생각을 하게 되지요. 집에 돌아왔지만 여행지의 풍경과 소리, 향기는 온몸에 남아 있거든요. 몸은 집에 돌아왔어도 마음까지 완전히 돌아오지는 않은 시간이 이어지는 거예요. 정말이지 많은 것을 생각하고, 이야기하고, 쓰고, 경험하기에 더할 나위 없는 시간이지요. 이 시간을 그냥 놓치지 마세요!

> 여행지에서 가져올 수 있는 최고의 선물은 바로 건강하게 무사히 돌아온 나 자신이다.
> _페르시아 속담

남아프리카의 보츠와나에서 나눈 이별은 영원한 작별 인사가 될까요?

어린 왕자의 이별

"잘 가." 여우가 말했어요.
"내 비결을 알려 줄까? 아주 간단해. 그건 바로 오로지 마음으로만 보아야 잘 보인다는 거야. 정말 중요한 것은 눈에 보이지 않는단다."
"정말 중요한 것은 눈에 보이지 않는단다."
어린왕자는 여우의 말을 잊지 않기 위해 여러 번 되뇌었어요.
_생텍쥐페리의 《어린 왕자》에서

3 여행을 다녀와서

마침내 여행을 마치고 집으로 돌아왔어요. 머릿속에는 수많은 느낌과 감정으로 가득하지요. 오롯이 나만의 것이에요. 여행은 끝났지만 또 다른 시간이 시작돼요. 여행 뒤의 시간이지요. 내가 여행지에서 보고, 듣고, 느낀 모든 것, 놀라고 감명받은 모든 것을 이제 꼭꼭 씹어 잘 소화시켜야 할 때예요. 모든 것을 더욱 깊이 숙성시켜 다른 사람과 함께 나눌 차례지요.

다시 일상으로 돌아와요

가족을 다시 만나고 익숙한 세상으로 돌아오니 마음이 놓여요. 새로운 세상을 탐험하며 우연에 몸을 맡기던 시간에서 다시 익숙했던 일상을 맞이할 차례예요.

역시 집이 최고예요

여행을 마치고 돌아오면 일상과 다시 마주하게 돼요. 포근한 내 침대에서 다시 편안히 잠을 청할 수도 있고요. 눈을 뜨면 식탁에 따뜻한 아침 식사가 나를 기다리고 있어요. 냉장고를 열어 손쉽게 물 한 잔을 마실 수 있다는 게 얼마나 편한 일인지도 새삼 깨닫게 돼요. 맛있는 음식으로 가득 찬 냉장고, 샤워기에서 쏟아지는 따뜻한 물, 방마다 들어오는 환한 전깃불까지, 모든 게 얼마나 감사한지 몰라요. 이제 익숙했던 날씨에 다시 적응하는 일만 남았네요.

친구와 이웃을 다시 만나요

오랫동안 못 봤던 친구나 이웃을 다시 만나면 어딘지 모르게 어색해요. 여행하는 동안 성큼 자라나거나 마치 딴 사람이 된 것 같을 거예요. 더는 예전의 내가 아닌 것만 같지요. 여행을 하면서 느낀 수많은 생각을 다른 이들과 함께 나누는 일은 생각보다 어려워요. 친구들도 저마다 자기만의 시간을 보냈을 테고, 새로운 사람을 만나거나 특별한 곳을 체험하고 돌아왔을 테니까요. 저마다 하고 싶은 말이 많을 거예요. 그래서 때로는 내 얘기를 듣고 싶지 않은 눈치죠. 하지만 걱정하지 마세요. 금세 둘도 없는 예전의 친구로 돌아갈 테니까요.

일상생활이 시작되면 하기 싫은 일들도 해야 해요

다시 우리나라 땅을 밟고 우리나라 하늘을 올려다볼 수 있게 되니 정말 신나요. 길거리에서 사람들이 하는 말도 귀에 쏙쏙 들어오고요. 표지판이나 간판에 적힌 것도 쉽게 읽을 수 있어요. 신문을 사는 일도, 좋아하는 후식을 주문하는 일도 간단하지요. 그뿐만이 아니에요. 예전에 읽던 책을 다시 들춰 보거나 가지고 놀던 게임기를 다시 가지고 놀 수도 있어요. 좋아하는 텔레비전 프로그램도 마음껏 볼 수 있고요. 내가 없는 동안 어떤 일이 일어났는지 듣는 일도 무척이나 재밌어요. 하지만 곧 개학이에요. 이제는 공책을 펴고 숙제를 해야만 하지요. 벌써부터 탁자 위에 놓인 자명종 시계가 꽉 짜인 하루를 알리네요.

세상에, 많이 넘쳐 나다니!

아프리카에서 막 돌아왔을 때, 차마 샤워를 할 수 없었어요. 물을 낭비하는 것만 같았거든요. 아프리카에서는 물 한 병, 물 한 잔만으로도 정말 많은 일을 할 수 있답니다.

예전의 자신으로 돌아가요

여행을 마치고 돌아온 나는 예전의 나와 같을까요? 며칠 또는 몇 주 동안 다른 세상을 보고 다른 사람들을 사귀었어요. 세네갈에서는 양동이나 유리잔에 담긴 물만으로 샤워하는 법을 익혔고 모로코에서는 손으로 음식을 집어 먹기도 했지요. 말리에서는 테라스에서 잠을 자기도 했고요. 헝가리에서는 닭들과 함께 뛰놀고, 독일에서는 영어를 한마디도 할 줄 모르는 친구들과 카드놀이를 했지요.

개학 풍경

친구들과 여행 이야기를 나눠요

여행이 끝난 뒤 다른 사람과 여행 이야기를 나누는 즐거움이 없다면 아마 여행의 묘미도 그만큼 줄어들 거예요. 여행에서 경험한 것들을 사람들에게 전달하는 데에는 다양한 방법이 있어요.

언어와 사진

다른 이에게 여행담을 전하려면 수많은 장면과 느낌, 냄새, 소리, 만남, 경험 등을 언어로 표현할 줄 알아야 해요. 여행지에서 찍은 사진이 있으면 큰 도움이 돼요. 또 날마다 일기를 쓰거나 손바닥만 한 수첩에 자잘한 감상을 적어 놓거나, 블로그에 여행기를 올렸다면 아마 많은 이야깃거리를 찾아낼 수 있을 거예요. 기록해 둔 게 아무것도 없다면 그동안 여행한 수많은 도시, 내가 만났던 수많은 얼굴, 매일 바뀌는 내 생각의 흔적을 일일이 기억해 내기 힘들어요.

반 친구들에게 선물해요

작년 크리스마스 휴가 때, 인도 퐁디셰리에 사는 사촌 집을 방문했어요. 여행 기간이 길어서 선생님께 수업을 며칠 빠져도 좋다는 허락을 받고 떠났지요. 집에 돌아가면 친구들과 멋진 여행담을 나누려고 다양한 선물을 준비했어요. 코끼리 머리 모양의 힌두신, 가네샤가 그려진 인도 음악 CD와 인도 신들의 모습이 담긴 그림책, 목걸이 줄에 꿰어 쓰는 알록달록한 구슬 등을 가져왔지요.

여행지에서 가져온 선물

여행지에서 가져온 물건도 이야깃거리를 생각해 내는 데 도움이 돼요. 미국에서 가져온 드림캐처를 볼까요? 드림캐처란 그물이 쳐진 동그란 마법 고리인데 흔히 나쁜 꿈을 걸러 준다고 알려져 있어요. 폭풍우가 심하게 몰아치던 어느 날 밤, 미국 할머니께서 제 방에 걸어 주셨지요. 그 옆에는 눈을 휘둥그레 뜬 멕시코의 조각상이 있네요. 마야 신전에서 느꼈던 감동이 생생하게 되살아나요. 그뿐만이 아니에요. 여행지에서 가져온 특산물도 여행담을 전할 때 요긴해요. 프랑스 브르타뉴 지방의 쿠인아망(브르타뉴 지역에서 먹는 과자 케이크), 모로코의 할바(깨와 꿀로 만든 과자), 폴란드의 훈제 치즈, 영국의 푸딩, 세네갈의 비삽(말린 히비스커스 꽃잎과 민트를 넣고 끓인 물에 설탕을 넣어 마시는 차), 베트남의 건어물 등이 그러하지요.

일기장, 좋아하나요?

> 집에 돌아온 뒤로 만나는 사람마다 이번 여행이 좋았냐고 물어요. 속마음은 그저 그랬다고 말하고 싶지만 차마 사실을 털어놓을 수는 없어요. 그래도 진실은 진실이에요. 이번 여행은 그저 그랬다고요!

내가 여행담을 전하는 이유

남에게 여행담을 전하는 이유는 내가 겪었던 일을 다른 이들과 함께 나누고 싶어서예요. 내가 봤던 것을 다른 이들에게 생생하게 전달하고, 웃음과 재미, 깊은 감동 같은 내가 경험한 감정을 선사하고 싶어서지요. 그렇다고 모든 이야기를 털어놓는 것은 아니에요. 굳이 이야기하지 않아도 되는 것들도 있으니까요.

스페인에서 돌아온 세 친구

특별한 기념품

우리는 여행지에서 작더라도 특별한 것을 챙겨 오고 싶어 해요. 우리가 갔던 장소나 풍경, 만남, 황홀했던 순간을 떠올리게 해 줄 기념품을 원해요. 하지만 정말 소중한 추억은 우리 머릿속에만 담을 수 있는 게 아닐까요?

주머니에서 나온 물건들

명함
입장권
기차표
급하게 휘갈겨 쓴 조리법
관광 지도
영국 사탕

특별한 사진과 그림엽서

사진을 보세요. 프랑스의 마르세유에 사는 모로코 가족을 방문했을 때 찍은 사진이에요. 라마단 금식 기간이었는데, 해가 진 뒤 함께 저녁 식사를 나누던 장면이지요. 멕시코에서는 어찌나 서로 말이 통하지 않던지 도무지 터져 나오는 웃음을 그칠 수가 없었어요. 수천 개의 해골을 모아 놓은 파리의 지하 묘지 사진도 있어요. 스페인의 코르도바에서는 유령처럼 뾰족한 두건을 머리에 쓴 사람들이 줄줄 걸어가는 모습이 보여요. 가톨릭 신자들의 세마나 산타(고난 주간) 행렬이에요.

성스러운 물건

주의할 게 있어요! 여행지에 있는 것을 돈으로 모두 살 수는 없어요. 또한 여행지에 있는 모든 것을 집으로 가져올 수도 없고요. 지역민 사이에 신령이 깃들었다고 여겨지는 작은 조각상 같은 물건이나 문화 유적지 혹은 성지에 있던 돌, 방문한 나라의 문화 유적 등은 함부로 가져올 수가 없답니다.

내가 수집한 자그마한 기념품 모음

어떤 마음씨 착한 할머니한테서 브르타뉴 전통 자수품을 샀어요. 세계 화폐를 수집하는 걸 좋아해서 브라질의 레알화도 기념으로 챙겨 왔고요. 그 밖에도 말리의 화가가 그려 준 초상화, 독일 친구와 맞바꾼 팔찌, 바둑 세트, 유칼립투스 나무줄기를 잘라 만든 호주 토착민의 악기 디저리두, 넬슨 만델라가 그려진 티셔츠, 페루 초콜릿, 용 모양의 연, 환등기, 인도네시아 꼭두각시 인형, 베르베르족의 보석까지, 정말 많은 기념품을 모았답니다.

가져오고 싶었지만 그냥 두고 온 것도 있지요

조개껍데기로 만든 보석이나 수공예품, 산호 덩어리, 상어 이빨은 그냥 여행지에 남겨 두고 왔어요. 여행객 때문에 프랑스 해안가에는 붉은 산호와 진주모가 거의 자취를 감추었다고 해요.

여행의 또 다른 얼굴

여행을 가면 멋진 풍경과 유적지를 만날 수 있어요. 그런데 많은 여행객이 여행지와 현지 주민들의 삶에 큰 피해를 입히고 있다는 사실을 아세요?

고통으로 시름에 잠긴 자연

지난 4월, 같은 반 친구들과 함께 프랑스의 생장 드 몽으로 체험 학습을 떠났어요. 바다와 마주 보고 있는 방데 지역의 한 마을이었지요. 생장 드 몽을 방문한 아이들은 하나같이 모래 언덕을 오르고 싶어 했어요. 그러나 선생님께서 포장된 길을 따라 올라가라고 말씀하셨지요. 그래야 땅이 파이거나 풀이 다치지 않는다고요.

우리 이모는 캄보디아에 간 적이 있어요. 주민들이 물 부족으로 고통받는 지역에 버젓이 수백 개의 호텔이 들어서 있었대요. 그것도 으리으리한 호텔들이요. 호텔은 자연 경관만 해치는 게 아니라 주변의 환경도 파괴하고 모자란 자원을 낭비하기도 해요.

훼손된 문화유산

올 여름에 프랑스 서남부에 있는 라스코 동굴을 구경하러 갔어요. 아버지가 그러시는데, 라스코 동굴은 여행자들 때문에 동굴에 습기가 차고 벽화에 곰팡이가 펴서 한동안 문을 닫았대요. 이집트 사정도 비슷해요. 여행객들 때문에 피라미드가 망가지고 있어요. 기회가 되면 페루를 방문하고 싶어요. 위대한 잉카인의 도시인 마추픽추에 꼭 한번 가 보고 싶거든요. 책에서 읽었는데 마추픽추는 사람들이 인공적으로 만든 지반 위에 세워져 있어서, 관광객이 한꺼번에 몰려들면 지반이 무너질 수 있다고 해요. 그래서 정부가 마추픽추에 들어갈 수 있는 인원을 하루 2,500명으로 제한하고 있대요. 유네스코는 마추픽추에 고속도로를 놓거나 케이블카를 설치하는 계획에 반대하고 있어요.

놓쳐 버린 만남의 기회

세네갈 친구인 하산의 마을에서 한 달을 보낸 적이 있어요. 어느 날 여행객이 우르르 버스에서 내리더니 양해도 구하지 않고 일제히 사진 찍는 모습을 봤어요. 마을 사람들은 워낙 그런 상황에 익숙해 보였어요. 그러나 결코 보기 좋은 광경은 아니었지요. 한 시간 뒤 여행객이 또 다시 우르르 자리를 떴어요. "결국 저 사람들은 사진 달랑 한 장 찍자고 수천 킬로미터를 달려온 셈이구나."라고 말하자, 하산은 웃기만 했어요. 하지만 속으로는 분명 불쾌한 마음이었을 거예요.

가짜 해파리

매년 크루즈 선박에서 버린 온갖 쓰레기가 늘어나 바다를 오염시키고 있어요. 바다거북은 쓰레기가 해파리인 줄 알고 집어삼키기도 하지요.

프랑스의 베르사유 궁전 앞에 길게 늘어선 사람들

사라지는 문화유산

아시아와 아프리카에 사는 많은 여자들이 빵 한 조각을 얻기 위해 몇 년 동안 공들여 수놓은 옷을 내다 팔기도 해요. 게다가 경제 사정이 어려워져 공장에 취직해야 하지요. 그래서 공들여 수를 놓은 옷이나 직물을 짜던 전통 기술이 점차 사라지고 있대요.

보호하고 보존하고 널리 알려요

차근차근 준비한 착한 여행은 세계 사람들에게 값진 만남을 선사해요. 자연 보호와 여행지의 환경 보전에도 많은 도움을 주지요.

자연을 보호해요

방학이 되면 동물을 관찰하는 게 큰 즐거움이랍니다. 올여름에는 프랑스와 스페인 국경에 걸친 피레네 산맥을 찾아갔어요. 그곳에서 '이자르'라고 하는 피레네 산양을 봤어요. 피레네 산양은 염소 또는 샤모아(알프스 영양)와 비슷하게 생겼는데, 40년 전부터 점차 자취를 감추기 시작했어요. 다행히 국립 공원을 만들어 피레네 산양을 보호한 덕에 다시 그 모습을 보게 되었지요. 그래도 산양이 다가오면 걸음을 옮길 때 조심해야 해요. 할머니는 카리브 해에 있는 바베이도스에서 바다거북이 그려진 그림엽서를 보내 주셨어요. 예전에는 코끼리 상아만큼 값이 나가는 바다거북의 비늘을 얻기 위해 사람들이 마구잡이로 바다거북을 잡았대요. 하지만 지금은 바다에서 수영을 하다가 바다거북을 만나면 곧바로 경찰에 신고해야 해요. 얼른 경찰이 달려와 바다거북을 보살필 수 있도록 말이에요. 여행객들이 주의를 기울인 덕분에 바다거북의 서식지가 다시 늘어나고 있어요.

문화유산을 보존해요

여행을 하면 돈을 쓰게 돼요. 여행자라면 누구나 마찬가지일 거예요. 여행자들이 쓰고 간 돈이 한 푼 두 푼 모여 쌓이면 망가진 유적지를 복원하거나 문화유산을 보존하는 데 쓸 수 있지요. 유네스코는 이미 모로코 아이트 벤 하두의 크사르 마을이나 캄보디아의 앙코르 유적을 복원한 적이 있어요. 2010년 프랑스의 알비 주교 도시도 유네스코 세계 문화유산에 등재되었어요. 그러자 5만 2천 명의 주민이 사는 이 도시를 찾는 여행객이 매년 70만 명에 달하게 되었지요. 알비 주교 도시는 여행자들의 방문만 많고 정작 주민들에게 버림받는 '박물관 도시'가 되지 않기 위해 많은 고민을 하고 있답니다.

다른 민족이나 문화를 널리 알려요

여행객이 마을을 찾아오는 것에 대해 어떻게 생각하는지 세네갈의 친구, 하산에게 물었어요. 하산은 여행객의 방문을 나쁘게 생각하지는 않는대요. 마음이 여유로운 여행객이라면 오히려 반갑대요. 자기 고장의 전통 춤이나 의상, 집 짓는 기술을 소개할 수 있는 기회니까요. 운이 좋으면 손수 만든 공예품을 관객들에게 판매할 수도 있고요. 사실 하산의 마을에는 놀 거리가 그리 많지 않아요. 그래서 손님이 왔다는 핑계로 잔치를 열어 함께 교류하는 시간을 갖기도 하지요. 하산의 할아버지는 마을의 젊은이들이 자신의 뿌리를 잊지 않고 살아가기를 바라요. 그래서 전통 노래와 춤을 가르치는 수업을 열기도 하지요.

독특한 손님맞이 장소

영국은 스코틀랜드 카비스데일 성을 유스호스텔로 새롭게 단장했어요. 튀니지는 베르베르 족의 동굴을 복원해서 호텔과 식당으로 쓰고 있지요. 덕분에 사라질 뻔했던 유적지를 더욱 잘 보존하게 되었답니다.

장비를 머리에 쓰고 열대 수족관을 구경하는 모습

여행이 끝난 뒤에도 인연의 끈을 놓지 마세요

여행지에서 만났던 모든 사람들과 계속 연락을 주고받으며 살 수는 없을 거예요. 그러나 여행했던 나라에 대해 지속적인 관심을 갖고 살아갈 수는 있지요.

여행했던 나라와 인연의 끈을 놓지 마세요

집에 돌아오고 나면 여행은 영영 끝인 걸까요? 꼭 그런 것은 아니에요. 여행을 지속하는 데 도움을 주는 것으로는 책만 한 것도 없지요. "노인 한 명이 죽는 것은 도서관 하나가 불타는 것과 같다."라는 연설로 유명한 아프리카 말리의 작가, 아마두 앙파테 바의 책을 읽으며 잠시 말리로 되돌아갈 수도 있어요. 아서 왕이 나오는 브르타뉴 지역의 전설을 읽으며 시간 여행을 떠날 수도 있을 거고요. 생텍쥐페리가 쓴 멋진 글로 새로운 땅에 이륙할 수도 있지요. 미셸 투르니에가 쓴 《방드르디, 야생의 삶》을 읽으며 잠시나마 남아메리카를 맛보고 돌아올 수도 있어요. 그 밖에도 좋은 책들이 헤아릴 수 없이 많답니다.

영상 역시 우리에게 또 다른 시각의 색다른 여행을 선사해요. 영상은 영화나 다큐멘터리, 르포르타주, 블로그, 웹 사이트까지 종류가 다양하답니다.

한편 뉴스도 친구의 나라에서 어떤 일이 일어나는지 알려 주는 수단이에요. 잡지나 텔레비전 뉴스에서는 수많은 영상과 정보가 쏟아지지요. 그 가운데 좋은 정보를 골라 내 것으로 소화시킬 줄 알아야 해요. 가끔은 뉴스를 통해 접한 내용과 실제로 현장에서 경험한 사실이 너무 달라 깜짝 놀랄 때도 있지요.

여행지에서 만난 사람들과 인연의 끈을 놓지 마세요

집에 돌아오자마자 전에 약속한 대로 미국의 오스카 가족에게 사진을 보내 주었어요. 감사의 표시로 오스카의 가족도 내게 '크리스마스 푸딩'이 든 작은 우편물을 보내 왔지요. 일본에서 수학여행을 마치고 돌아온 뒤, 우리 학교는 일본 오사카의 한 학급과 자매결연을 했어요. 그 뒤로 우리는 꾸준히 서로에게 소식을 알리거나 그림엽서나 작은 선물을 주고받고 있답니다. 저는 선생님께 다음번에는 중국으로 떠나는 것이 어떻겠냐고 물었어요. 매년 가족과 중국을 방문하는데 친구들과 함께 같은 경험을 나누고 싶었거든요.

이국의 취미

코르시카 여행에 대한 기억을 오래도록 간직하기 위해, 미디어 도서관에서 코르시카 전통 노래가 담긴 CD 한 장을 빌렸어요. 모로코에서 잠시 머무르고 돌아온 뒤에는 모로코 전통 요리 수업을 듣고 있고요. 또 지금은 일본을 너무 좋아해서 일본의 무도도 배우고 있어요. 스페인을 여행한 뒤에는 플라멩코 기타를 배우러 다닌 적도 있지요. 세네갈의 젬베도요!

스페인을 사랑하는 사람들을 위한 플라멩코 수업

공정 여행을 떠나기 위한 몇 가지 팁

세계 여행을 하면서 환경을 훼손하지 않기란 매우 힘든 일이에요. 최대한 환경을 보호하면서 여행할 수 있는 방법을 몇 가지 알려 줄게요.

올바른 교통수단이 무엇인지 생각해 봐요

100km 거리를 여행한다고 생각해 봐요. 이때 기차를 타는 경우 탄소 1kg을 배출하지요. 자동차를 타고 가면 20kg, 비행기를 타면 기차보다 30배나 더 많은 이산화탄소를 배출한답니다. 따라서 선택의 여지가 있다면 가급적 오염 물질을 적게 배출하는 교통수단을 이용하도록 하세요. 자동차보다는 기차를 이용하는 것이 좋고요. 자동차 대신 자전거를 이용할 수 있다면 더할 나위 없이 좋겠지요. 그 밖에도 행선지가 같은 사람끼리 자동차 한 대를 같이 타고 가는 방법도 있어요.

마지막으로, 먼 곳에 가든 가까운 곳에 가든 우리는 여행으로 발생한 환경 오염을 벌충할 수도 있어요. 여행을 하면서 지구를 오염시킨 대가로 돈을 내는 것이지요. 지구 환경을 위해 일하는(나무 심기 사업, 태양 에너지 개발 사업 등) 단체들을 돕는 거예요. 탄소 가스 1kg을 배출하는 데 드는 비용이 25원이라면, 200kg의 탄소를 배출한 경우 5,000원을 내야 해요. 여기서 200kg은 흔히 자동차가 1,000km 가는 데 배출되는 탄소 양이에요.

환경 보호를 위해 노력하는 단체나 여행사를 찾아보아요

몇몇 단체나 여행사는 여행객이 쓴 돈이 현지인의 살림에 보탬이 되고, 또 환경을 보존하고 지역 일자리를 만들어 내는 데 쓰일 수 있도록 힘쓰고 있어요. 여행자와 여행 대상국의 국민들이 평등한 관계를 맺는 여행, 서로에게 기쁨을 주는 이러한 여행을 '공정 여행'이라고 하지요. 우리나라에는 트레블러스맵(www.travelersmap.co.kr)과 청년사회적기업 공감만세(www.fairtravelkorea.com), 착한여행(www.goodtravel.kr)에서 공정 여행 프로그램을 진행하고 있어요.

교통수단	거리	오염 물질 배출량	탄소 1kg당 비용	벌금
기차	100 km	CO_2 1kg	25원/kg	25원
자동차	100 km	CO_2 20kg	25원/kg	500원
비행기	100 km	CO_2 30kg	25원/kg	750원

숙박 시설도 꼼꼼히 살펴보세요

최근에는 환경을 보존하기 위해 호텔과 민박, 유스호스텔, 캠핑촌 등 많은 숙박 시설들이 책임감을 갖고 노력하고 있어요. 태양 전지, 풍력, 수력 등을 에너지 자원으로 사용하거나 손님이 필요한 비품만 제공해 쓰레기를 줄이고, 객실에 재활용 쓰레기통을 비치하는 등 다양한 방법을 도입하고 있지요. 특히 어떤 호텔에서는 물 낭비를 줄이기 위해 수건과 침대보를 하룻밤 더 사용할지 여부를 손님이 선택할 수 있어요. 이건 어디서든 우리가 직접 참여할 수 있는 방법이지요.

숙박 시설은 자신들이 환경을 생각한다는 사실을 알리기 위해 인증 마크를 따기도 해요. 미국 그린빌딩위원회(USGBC)가 인증하는 'LEED' 제도와 한국의 국토해양부와 환경부가 주관하는 '친환경 건물 인증제'가 있지요.

여행 정보 센터를 이용해 보아요

문화체육관광부가 지원하는 여행 정보 센터 홈페이지(www.tourinfo.or.kr)를 방문해 보세요. 여행 입·출국 절차에 관한 정보와 안전과 질병 정보 등 여행하는 데 필요한 정보를 알 수 있어요. 문화체육관광부가 인증하는 한국 우수 여행 상품도 살펴볼 수 있지요. 올바른 '공정 여행' 정착과 건전한 여행 상품 운용을 위하여 전국 여행사를 대상으로 시행하는 제도예요. 국내 여행 상품과 해외 여행 상품 두 가지로 나누어 다양하고도 재미있는 여행을 할 수 있어요. 각 시도별 전통문화 및 역사를 체험할 수 있는 '문화부 지정 문화 관광 축제' 목록도 잊지 말고 찾아보세요.

'공정 여행'이 무엇인지 영상으로 알아보아요

*휴대 전화로 QR 코드를 찍어 보세요.

사진 및 삽화 목록

5쪽 꿈 © Christof Siegert/Plainpicture
제르 산장을 떠나며 © Guillaume Collanges/Picturetank
6쪽 사진기를 든 소녀, 양주 © Alexa Brunet/Picturetank
시코쿠, 일본 © Alison Wright/Corbis
9쪽 몽탕베르 열차 © Stéphanie Tétu/ Picturetank
11쪽 태국에서 보낸 휴가 © Meyer/Tendance Floue
13쪽 케냐, 사파리 © John Warburton Lee/Plainpicture/AWL
15쪽 페루, 마추픽추 © Philippe Célérié
16~17쪽 피시 앤 칩스 © Shutterstock
투우 포스터 © Mary EvanPhotononstop
아랍어 서체 © Ivan Montero Martinez/Fotolia.com
인도, 벽화 © Brad Pict/Fotolia.com
소련에서 발행된 우표 © withGod/Fotolia.com
중국, 등 © rodho/fotolia.com
18쪽 뉴욕 © Songquan Dong/Shutterstock
페루, 마추픽추 © Amy Nichole Harris/ShutterstockAthène
파르테논 신전 © Sergii Korshun/ Shutterstock
19쪽 이집트, 기자 피라미드 © Dan Breckwolt/Shutterstock
인도, 타지마할 © Boonson/Shutterstock
캄보디아, 앙코르 © Connors Bros/Shutterstock
20쪽 북미 © Gary718/Shutterstock
사하라 사막 © Patrick Poendl/Shutterstock
아마존 숲 © Johnny Lye/Shutterstock
21쪽 바이칼 호수, 러시아 © Yui/Shutterstock
원양의 논, 중국 © Marko5/Shtterstock
히말라야 © Bitan310/Shutterstock
남극 © Shutterstock
25쪽 뉴욕, 타임스 스퀘어 © Giovanni Simeone/Photononstop
29쪽 © Sixt-Fer-à-Cheval, 제르 산장을 떠나며 © Guillaume Collanges/Picturetank
31쪽 파푸아족 소녀, 서파푸아 © Philippe Célérié
33쪽 마드리드, 늦은 밤 테라스 © Gunnar Knechtel/Laïf-Réa
35쪽 모로코, 하이 아틀라스, 전통인사 © Xavier Richer/Photononstop
37쪽 베이루트, 알-오마리 사원, 기도 © Denis Caviglia/hemis.fr
39쪽 라오스, 루앙프라방, 탁발 행렬 © Jean-Pierre Degas/hemis.fr
40쪽 스페인, 산티아고 데 콤포스텔라 © Giancarlo Giuliani/Ciric
프랑스, 루르드 © Eric Teissedre/Photononstop

이스라엘, 예루살렘 © Michel Gonot/Godong
41쪽 핫지, 메카 © Muhamud Hams/Afp créative/
일본, 시코쿠 © Alison Wright/Corbis
인도, 아그라 © John Warburton Lee/Photononstop
일본, 시코쿠 © Alison Wright/Corbis
43쪽 과테말라, 치카(전통 음료)에 들어갈 옥수수를 삶는 여인 © Jean-Daniel Sudres/hemis.fr
45쪽 르완다, 응콤보 섬, 국경없는의사대(MSF)가 설치한 새 펌프 © Ian Berry/Magnum photos
46쪽 스웨덴, 나무 집 © Christian Lagerk/Shtterstock
튀니지, 동굴 집 © Dallas and John Heaton/Corbis
페루, 흙집 © Anders Ryman/Corbis
47쪽 몽골, 유르트 © MP/Shutterstock
캄보디아, 기둥 위에 세운 집 © Michael S. Yamashita/Corbis
파푸아, 나무 위에 지은 집 © Georges Steinmetz/Corbis
50쪽 스코틀랜드, 킬트 © Pawel Wysocki/hemis.fr
과테말라, 우이필 © Bill GEntille/Corbis
아프리카, 파뉴 © John Arnold/hemis.fr
51쪽 일본, 기모노 © Takayuki/Shutterstock
사우디아라비아, 니캅 © Jeddah/Gettyimages
인도네시아, 사롱 © Christophe Boisvieux/Corbis
53쪽 모로코, 차 만드는 광경 © David Pillinger/Corbis
56쪽 영국, 피시 앤 칩스 © Carmen Steiner/Fotolia.com
브라질, 페이조아다 © Alexander Bark
스페인, 파에야 © Karso/Shutterstock
57쪽 마그레브, 쿠스쿠스 © MSheldrake/Fotolia.fr
우즈베키스탄, 플로브 © Karen Grigoryan
마다가스카르, 로마자바 © Jeanne Hély/Gallimard Jeunesse
59쪽 됭케르크 카니발 © Pascal Lafay/Picturetank
61쪽 보츠와나, 가보로네 © Brian Bahr/Gettyimages
63쪽 양주, 사진기를 든 소녀, © Alexa Brunet/Picturetank
65쪽 개학 © Rafaël Trapet/Aleph/Picturetank
67쪽 함께 음악을 듣는 어린 소녀들 © Ana Peisl/Corbis
71쪽 베르사유, 대기 행렬 © Gilles Rigoulet
73쪽 모르셔스 섬, '라포 엥토 카노니에'에서의 해저 산책 © Michael Friedel/Gamma-Rapho
75쪽 플라멩코 수업 © Ariel Skelley/Corbis

참고 자료

여행하기 전에 방문하면 좋은 홈페이지

- 여행정보센터　　www.tourinfo.or.kr
- 한국여행업협회　www.kata.or.kr
- 레츠코레일　　　www.letskorail.com
- 한국광관공사　　www.visitkorea.or.kr
- 외교부　　　　　www.mofa.go.kr
- NIS 국가정보원　www.nis.go.kr

재미있는 세계의 축제

여행을 다니면서 재미있는 세계 축제에 참여하는 것도 즐거운 일이 될 거예요.

1월 : 리우데자네이루 카니발
브라질 리우데자네이루에서 매년 사순절 전날까지 5일 동안 열리는 카니발

카니발은 사순절(고난 주간)을 앞두고 떠들썩하게 먹고 마시며 노는 그리스도교 전통 축제예요. 그리스도의 수난을 되새기며, 술과 고기를 멀리하는 사순절이 시작되기 전에 풍족하게 먹으며 연회를 벌이지요. 서커스, 가면무도회, 거리 축제 등을 즐기던 풍습이 오늘날 카니발로 자리 잡았다고 해요.

2월 : 삿포로 눈축제
일본 홋카이도 삿포로에서 매년 열리는 겨울 축제

1950년 삿포로의 중·고등학생이 6개의 눈 조각을 오도리 공원에 만든 것을 계기로 시작되었어요. 지금은 눈싸움, 눈 조각전, 카니발 등의 행사가 개최되고 약 5만여 명이 방문하는 큰 행사가 되었답니다.

5월 : 러시아 백야 축제
러시아의 상트페테르부르크에서 하지를 전후로 펼쳐지는 민속, 예술 축제

러시아의 수도 모스크바 다음으로 큰 도시인 상트페테르부르크는 북위 약 60도에 위치하고 있어요. 이렇게 위도가 48도 이상으로 높은 지방에서는 한여름이 되면 온종일 태양이 떠 있는 '백야 현상'이 일어나요. 밤이 없는 이 기간을 기념하여 음악, 연극, 발레 등 다양한 예술 공연이 밤낮없이 흥겹게 이어지지요.

8월 : 스페인 토마토 축제
스페인의 발렌시아 주 작은 마을 부뇰에서 매년 열리는 여름 축제

토마토 축제는 다른 축제들보다 늦게 시작됐어요. 그런데도 유래가 확실히 알려져 있지 않아요. 토마토 트럭이 사고로 토마토를 쏟으면서 토마토 장난을 벌이게 됐다고도 하고, 토마토 값 폭락에 분노한 농부들이 불만의 표현으로 시의원들에게 토마토를 던진 데서 유래됐다고도 해요.

10월 : 핼러윈 축제
미국 전역에서 매년 10월 31일 유령이나 괴물 분장을 하고 즐기는 축제

고대 켈트족은 10월의 마지막 날에 지하 세계의 문이 열려 죽은 자들과 함께 악마와 마녀, 짓궂은 유령들이 올라온다고 믿었어요. 그래서 사람들은 악령에게 발견되면 해코지를 당할까 봐, 유령인 척 기괴한 모습으로 분장하였답니다. 이 풍습이 오늘날 핼러윈 축제가 되었지요.

79

이 책을 만든 사람들

주느비에브 클라스트르 글
전 세계 문화와 언어를 사랑하는 주느비에브 클라스트르는 유럽, 북미, 아프리카를 두루 누비고 다니다 중국에서 공부하며 일 년 동안 한자를 익혔어요. 여행 가이드와 저널리스트, 여행 안내서와 여행 관련 책을 쓰는 작가가 되어 중국 및 아시아 여러 지역을 몇 번씩 여행했지요. 주느비에브는 다양한 여행 경험을 살려 두 가지 새로운 세계에 도전하고 있어요. 바로 공정 여행과 어린이 책이라는 세계랍니다. 쓴 책으로는 《오늘날 중국에서는》《오늘날 일본에서는》과 필립 파토 셀레리에, 사티나 부크에마와 함께 작업한 《아시아, 터키에서 필리핀까지》가 있습니다.

뤼실 플라생 그림
연극배우가 되고 싶었지만, 숫기가 없어서 꿈을 이룰 수가 없었어요. 하지만 그림 작가가 된 지금은 책 속에 자기 대신 꼭두각시를 출연시켜 자기만의 연극을 만들며 살아가고 있어요. 인형들은 웃기도 하고 울기도 하고 겁에 질리기도 하고 인디언처럼 말을 타고 여행을 떠나기도 해요. 그러나 뭐니 뭐니 해도 인형들이 가장 좋아하는 것은 이야기와 시를 짓는 일이지요. 그린 작품으로는 《오늘날 미국에서는》《백설공주》《장화를 신은 고양이》와 《빨간 모자》가 있습니다.

허보미 옮김
서울대학교에서 불문과 석사 과정을 수료했어요. 그 뒤, 한국외국어대학교 통번역대학원을 졸업했지요. 현재 프랑스의 다양한 책을 우리말로 옮기고 있어요. 옮긴 책으로는 《대안은 없다》《신의 생각》《여우와 아이》《돈이 머니? 화폐 이야기》《채소 동물원》《문화재지킴이 로즈 발랑》《로댕의 미술 수업》 등이 있어요. 또한 월간 〈르몽드 디플로마티크〉의 한국판 번역에도 참여하고 있답니다.

착한 공정 여행 호텔 대신 랏지네 집에서 머물러요

주느비에브 클라스트르 글 | 뤼실 플라생 그림 | 허보미 옮김

초판 발행일 2016년 1월 6일 | **2쇄 발행일** 2019년 4월 5일
펴낸이 조기룡 | **펴낸곳** 내인생의책 | **등록번호** 제10호-2315호
주소 서울시 서초구 나루터로 60 정원빌딩 A동 4층
전화 (02)335-0449, 335-0445(편집) | **팩스** (02)6499-1165
전자우편 bookinmylife@naver.com | **홈페이지** http://bookinmylife.com
편집장 이은아 | **편집1팀** 신인수 조정우 이다겸 김예지
디자인 안나영 김지혜 | **마케팅** 강보람 | **경영지원** 조하늘

Le goût des voyages
written by Geneviève Clastres and illustrated by Lucile Placin
 Gallimard Jeunesse 2013
Korean translation rights ⓒ TheBookInMyLife co. Ltd., 2016
Published by arrangement with Gallimard Jeunesse through Sibylle Books Literary Agency, Seoul

이 책의 한국어 판 저작권은 Sibylle Books Literary Agency를 통한
Gallimard Jeuness 사와의 독점계약으로 내인생의책에 있습니다.
저작권법에 의하여 한국 내에서 보호를 받는 저작물이므로 무단전재와 복제를 금합니다.
ISBN 979-11-5723-238-3 (73980)

* 책값은 뒤표지에 있습니다.
* 잘못된 책은 구입처에서 바꾸어 드립니다.

이 도서의 국립중앙도서관 출판시도서목록(CIP)은 e-CIP홈페이지(http://www.nl.go.kr/ecip)와
국가자료공동목록시스템(http://www.nl.go.kr/kolisnet)에서 이용하실 수 있습니다. (CIP제어번호: CIP2015034103)